APPRENDRE À PRIER
À L'ÈRE DE LA TECHNIQUE

Du même auteur
Aux Éditions Viviane Hamy :

Jérusalem
Monsieur Valéry et la logique
Monsieur Calvino et la promenade
Monsieur Kraus et la politique
Monsieur Brecht et le succès

GONÇALO M. TAVARES

APPRENDRE À PRIER À L'ÈRE DE LA TECHNIQUE

Position dans le monde de Lenz Buchmann

Traduit du portugais par Dominique Nédellec

Ouvrage traduit et publié avec le concours du Centre National du Livre et de l'Institut Camões / Portugal

VIVIANE HAMY

Obra publicada com o apoio do Instituto Camões / Portugal

INSTITUTO
CAMÕES
PORTUGAL

Titre original : *Aprender a rezar na Era da Técnica*

D'après une conception graphique de Pierre Dusser

ISBN 978-2-87858-320-5

Je dois des remerciements particuliers à Luís Mourão.
Ainsi qu'à Rachel Caiano, Vasco Mendonça et Cruz Tavares.

PREMIÈRE PARTIE

FORCE

Apprentissage

L'adolescent Lenz découvre la cruauté

1

Le père l'attrapa et le conduisit jusqu'à la chambre d'une domestique, la plus jeune et la plus jolie de la maison.

– Maintenant tu vas la faire, ici, devant moi.

La petite bonne était effrayée, évidemment, mais ce qui était curieux, c'était qu'elle était effrayée par lui, et non par le père : ce qui effrayait la petite bonne, c'était que Lenz soit un adolescent et non la violence avec laquelle le père la livrait à son fils, sans la moindre pudeur, sans même se donner la peine de sortir. Le père voulait voir.

– Tu vas la faire devant moi, répétait-il.

Lenz resta durablement marqué par ces mots. Tu vas la faire.

L'acte de fornication avec la petite bonne était réduit à sa plus simple expression : à un faire. Tu vas la faire, c'est la tournure qu'avait employée son père, comme si la petite bonne n'était pas encore faite, comme si elle était encore une matière informe, nécessitant l'intervention de Lenz pour être achevée. Cette femme ne sera pas terminée avant que tu ne l'aies toi-même façonnée, pensa clairement l'adolescent Lenz, et les gestes qu'il accomplit ensuite furent ceux d'un travailleur obéissant aux indications d'un contremaître plus expérimenté, en l'occurrence son père : tu vas la faire.

– Baisse ton pantalon – ce fut la seconde phrase du père. Baisse ton pantalon.

L'adolescent Lenz baissa son pantalon. Et tous les ordres qui suivirent ne s'adressèrent qu'à lui ; autrement dit : le père n'adressa pas un mot à la petite bonne – elle savait ce qu'il fallait faire et fit ce qu'elle avait à faire, machine forcée d'obéir. Contrairement à l'adolescent Lenz qui, malgré tout, aurait pu dire à son père : je ne veux pas.

– Baisse ton pantalon, ordonna le père.

Puis Lenz fut conduit, quasiment poussé, par son père jusqu'à la petite bonne, qui était couchée et attendait.

– Avance, dit le père, avec rudesse.

Et l'adolescent Lenz, déterminé, s'avança vers la petite bonne.

La chasse

2

Lenz enfilait ses bottes et se préparait à partir à la chasse. D'abord le rituel de domination sur les petits objets inertes : les bottes, l'arme, le lourd gilet.

Ces mouvements étaient ceux qui contribuaient le mieux à former l'être humain. Et quel bon tireur il était.

Les éléments agiles de la nature, quant à eux, revendiquaient un droit à la désobéissance qui était intolérable. Lenz allait chasser en raison d'une certaine décision politique. Un lapin était un adversaire minuscule, mais qui l'obligeait à adopter une position sur la terre, sur le théâtre des opérations. Un opposant dérisoire – un lapin – contraignait Lenz à une mise en tension de ses muscles, à une activation de sa sagacité : l'habileté au tir ou la capacité mécanique de l'arme ne suffisaient pas ; il fallait également une attention intellectuelle, une attention de l'intelligence ; seules les choses immobiles dispensaient Lenz de cette attention.

Entre lui, Lenz, et le gibier encore vivant, avait lieu une négociation préalable : il se refusait à tuer le moindre animal au cours des premières minutes. Il tenait d'abord à se familiariser avec l'espace qu'il envahissait, à lui témoigner son respect. Il n'était pas ici chez lui.

Ces vingt minutes pendant lesquelles il ne tirait pas, c'était comme s'essuyer les pieds sur le paillasson avant d'entrer chez un inconnu. L'inconnu existait dans la forêt et, en l'absence de porte d'entrée et de paillasson, Lenz parcourait, vingt minutes durant, les chemins que la nature, avec sa stupidité bien à elle, avait spontanément ménagés pour laisser passer les hommes.

Il existait dans la forêt une loi différente. Dans la forêt, la morale était indélicate, grossière ; pénétrer dans la forêt, c'était comme pénétrer dans la chambre de la petite bonne, lorsqu'il était adolescent ; dans cette chambre tout au fond, aux odeurs si différentes de celles qui régnaient dans la maison principale, la maison de ses parents. Dans la chambre de la petite bonne, faire preuve de délicatesse eût signifié faire preuve de faiblesse et c'eût été une erreur tellement absurde que même la petite bonne eût protesté devant tout geste affectueux de la part du fils du patron.

Dans la forêt, la vertu n'avait pas été ensevelie sous la moisissure ; une autre puissance était suspendue au-dessus de lui tandis qu'il cheminait entre les arbres robustes, mais retors, qui cachaient des centaines d'existences animales ; des existences qui étaient, au bout du compte, des *pièces de gibier* – résumé extraordinairement synthétique de ce qu'étaient aussi les relations humaines.

Lenz ne se faisait pas d'illusions : s'il ne s'engageait pas dans les rues de la ville avec la même prudence, prêt à tirer avec son arme, c'était uniquement parce que, dans cet autre espace, quelque chose inhibait encore la haine : l'intérêt économique réciproque.

La situation d'équilibre apparent entre les habitants

d'un même immeuble était comparable à celle d'un colosse à l'instant où, privé de tout appui, il s'apprête à poser le pied dans un marécage. La phrase *je vous en prie, après vous* que prononce un client dans un café à l'intention d'un autre client arrivé en même temps que lui, à qui il signifie par là qu'il accepte d'être servi après lui, est une phrase de combattant, d'authentique combattant. Toutes les phrases aimables peuvent être considérées, sous un autre angle, comme des phrases d'attaque. En s'effaçant de la sorte, l'homme n'accepte pas de passer en second : en réalité, il entame sa reconnaissance du terrain afin de pouvoir contrôler visuellement celui qui, pour quelques instants, croit occuper la première place. L'avantage d'avoir quelqu'un devant toi, avait dit une fois le père de Lenz, c'est qu'il te tourne le dos. Ce qui importe, ce n'est pas l'endroit où tu te trouves, mais ton champ de vision et ta position relative.

Cependant, Lenz avait très tôt compris qu'il fallait un support, quelque chose contre quoi le corps puisse s'adosser sans crainte d'être trahi, un mur ne risquant pas de s'écrouler. La famille serait ce mur, contre quoi il pourrait appuyer sa nuque (car même celui qui entreprend vaillamment de mener l'assaut a une nuque, et il convient de ne jamais oublier cette fragilité).

Lenz arma le fusil, appliqua l'acier de la crosse contre sa poitrine – qui battait fort – et en pensant à la petite bonne qui, plus de dix ans auparavant, sous les encouragements de son père, s'était soumise à lui pour la première fois, Lenz visa et fit feu.

Il entendit ensuite un glapissement – dans un autre contexte il aurait juré avoir entendu crisser des roues de voiture – qui, après une seconde de stupéfaction inexplicable, se mit à courir dans sa direction. Bientôt, on ne put que remarquer le sang dans cette partie de la forêt et pourtant Lenz ne parvint pas à attraper l'animal.

Il avait réussi à blesser l'ennemi, mais pas à l'abattre. Il ne pourrait pas encore le manger.

Un chant parfaitement inapproprié

Observons ce que fait Lenz

1

Lenz, contrevenant radicalement à ses habitudes, décida ce soir-là de laisser entrer un mendiant.

Lenz riait.

– Je vais vous donner du pain.

À sa demande, la femme de Lenz lui apporta le journal du jour. En le lui remettant, elle lui dit :

– S'il te plaît, donne-lui ce qu'il veut et fais-le partir.

Lenz caressa légèrement les fesses de sa femme et éclata de rire en se tournant vers le clochard. Il la pria de sortir :

– Nous allons discuter entre hommes – et il sourit à nouveau. Vous avez vu les nouvelles ? demanda Lenz au clochard en lui présentant la une du journal.

– J'ai faim, dit l'homme.

Lenz ne répondit pas. Il tenait toujours le journal dans ses mains.

– Regardez ça : le président dit que la population commence finalement à se calmer. Vous voyez ? Mais de quel genre de calme parle-t-on ? Vous le savez, vous ?

– S'il vous plaît... répéta l'homme.

Lenz continua à lire les titres de la première page : « Une nouvelle classe est en pleine ascension : les négociants avec leur argent commencent à accéder à des responsabilités politiques et à s'occuper de la situation du pays, au lieu de s'occuper exclusivement de la situation de leur usine. » Vous entendez ça ? demanda Lenz.

– Ne m'humiliez pas, dit l'homme.

Lenz le pria de ne pas être ridicule.

– Vous devez respecter notre pays. Connaissez-vous l'hymne national ? Je vais vous donner à manger. Vous voulez ? Et de l'argent ?

Le clochard esquissa un mouvement. Il était debout : Lenz ne l'avait toujours pas autorisé à s'asseoir sur le petit tabouret qui se trouvait à côté de lui.

– Mais chantez l'hymne d'abord, demanda Lenz. Quelle que soit la situation… Ne pas perdre de vue le sens de l'existence, vous comprenez ? Les devoirs de chaque homme, après être né dans un pays donné ; vous comprenez, ça ? Connaissez-vous l'hymne national ? Je peux vous demander de le chanter ? Nous avons encore le temps. La nourriture va arriver. Allez, en avant, je vous prie.

Contrats et additions

2

Après une vive discussion, Lenz déchira le contrat alors qu'il en était précisément à la moitié de sa signature. À la moitié de mon nom, mais je n'irai pas au bout, pensa Lenz. Le nom interrompu, la négociation interrompue. Ce que vous voulez me donner est insuffisant, dit Lenz.

L'intensité changeait lorsqu'il approchait de la main qui tenait le stylo un simple contrat d'achat de meubles de salon. Signer de son nom engageait grandement sa responsabilité. Et il ne s'agissait pas uniquement d'une question juridique, c'était bien plus que cela.

La femme de Lenz n'était pas du genre à méditer sur ce qu'elle allait faire après-demain. C'était une femme étrange, qui semblait tout accepter avec une passivité mêlée d'une certaine perversion, au point que Lenz lui-même en était parfois écœuré. Elle additionnait sans fin, les événements se succédaient, et elle acquiesçait – sans la moindre réflexion.

Pour Lenz, au contraire, la vie n'était pas qu'une addition d'actions et d'événements. La vie présupposait également des variations d'énergie, avec des soustractions, des multiplications et des divisions. La vie quotidienne, la vie privée de chaque être humain, était soumise à ces différentes opérations arithmétiques.

– Pas que des additions, non, pas que des additions, avait dit Lenz, profondément abattu, le jour de l'enterrement de son père, Frederich Buchmann.

La mort en guise d'exemple. Pas que des additions.

Le cerveau

3

Un homme – Lenz – inventoriait les points décisifs de son propre corps. Le corps était comme la carte d'un pays et le repérage de ces points de grande énergie la première étape d'une stratégie de combat.

Les points décisifs de l'anatomie d'un individu ? En premier lieu, la tête, plus précisément le crâne, cet ensemble d'os qui protège notre instrument de perception du monde. Cependant, ce n'était pas l'intelligence ou l'extraordinaire capacité d'abstraction qu'il importait de protéger, mais plutôt les rudes et anciennes capacités de résistance à l'environnement extérieur, résistance matérielle et animale, qui subsistaient encore dans cette intelligence. Même chez un analphabète ou un homme incapable d'additionner trois et trois, on peut considérer que la tête est un point décisif tant qu'il sait se saisir d'une arme et distinguer la lame du manche, la gâchette du canon. Une tête est pleine de capacités, de détours surprenants – carte d'une ville où les ruelles se multiplient à l'infini –, mais c'est le chemin central qui est important : le cerveau sert à ne pas se laisser tuer. Il requiert de la part de nos ennemis les plus hautes compétences. Ne compliquons pas les choses, pensait Lenz à part lui. Tout bien considéré, le cerveau, vu de près, a la forme et la fonction d'une arme, ni plus ni moins.

Encore du pain

4

– C'est une femme exquise, vous voyez ?

L'homme avait enfin pu s'asseoir sur le tabouret de cuisine, manger quelque chose et, à présent, il lapait sa soupe à grand bruit.

Lenz releva la jupe de sa femme, ramena ses fesses vers lui, la poussa contre l'évier, baissa son pantalon, fit glisser sa culotte (avec son aide), sortit son pénis et rapidement la pénétra.

Le couple se trouvait à trois mètres du clochard qui levait à peine les yeux, craignant de regarder. Lenz foutait furieusement sa femme qui se laissait complètement aller, acceptait tout ; le clochard voyait les fesses nues et haletantes de Lenz tournées vers lui.

L'homme, sans s'adresser à quiconque, semblait parler tout seul ; il murmurait quelque chose d'imperceptible.

Il y avait de la nourriture à sa droite, cependant l'homme ne se leva pas ; il décida d'attendre que le couple ait fini. Il n'allait pas se précipiter, ne lèverait pas les yeux de la table, se tiendrait tranquille. Il avait le temps, pensait-il.

Le médecin à l'ère de la technique

La main qui tient le bistouri

1

Deux infirmières empressées accueillirent le Dr Lenz à l'entrée de la salle d'opération. Le médecin à l'ère de la technique est considéré comme un habile conducteur d'automobiles. L'automobile, quant à elle, attend sereinement l'arrivée de son maître, comme un chien domestique, à cette différence près que les machines ne se dissipent pas, ne sombrent pas dans des crises existentielles lorsque le maître n'est pas là. Rien de cela, ni dans un sens ni dans l'autre : la machine n'entend rien au ludique ni au tragique ; ce qu'elle comprend, c'est une direction, une force et un mouvement donnés. Un mouvement intelligent, précisons-le, et intentionnel : jamais la machine ne se montre aussi stupide qu'un chien qui se met à baver de manière intempestive, non pas parce qu'il a vu de la nourriture mais parce qu'il est malade, ou qu'un animal qui boitille et tente d'attaquer ou de fuir, alors même qu'il n'a que trois pattes en état. La machine est bien plus sensée.

Lenz était chirurgien, Dr Lenz B., et son habileté contenue, concentrée dans sa main droite, avec le solide soutien d'une main gauche qui jouait le rôle d'observateur spécialisé, avait fait sa réputation en quelques années seulement. Sa main droite avait une aura, une splendeur non scientifique ; disons comme un doigt supplémentaire, un doigt invisible qui apportait la touche finale, ce qui dans les cas extrêmes pouvait sauver. Le Dr Lenz B. avait déjà sauvé bien des vies.

Dans sa main droite le bistouri brillait ; il y avait quelque chose d'exceptionnel dans la combinaison de l'instrument médical avec la main de Lenz qui provoquait chez tous ceux qui assistaient à une opération une fixation exclusive du regard sur cette main droite. Dans une situation de froid intense, cette main, tenant le bistouri, aurait été le feu.

Certains en arrivaient même à parler de séances d'hypnotisme. La lenteur absolue et convaincante de la main droite de Lenz fascinait comme le pendule d'un spectacle de foire : les infirmières assistantes et les jeunes médecins exerçaient avec la plus grande dignité leurs capacités d'observation et retenaient leur souffle comme devant un film à suspense. Le poignet de Lenz semblait soutenu par une pièce de métal et non par un bras. Ce qui bougeait, c'étaient les doigts ; le bistouri était un instrument simple mais dont les effets étaient bien plus puissants que ceux d'un instrument de musique : les sentiments tragiques ou les réjouissances qu'il pouvait provoquer étaient extrêmes. Précise et profonde, la main droite, avec le bistouri, savait exprimer les différents degrés d'intensité du monde : en l'espèce, cette musique pouvait véritablement tuer ou sauver. Le bistouri frappait l'organisme, le pénétrait ; il ne lui tournait pas autour, n'en faisait pas le siège.

On ne s'occupe pas de sentiments ici, avait une fois déclaré Lenz, on s'occupe de veines et d'artères, de vaisseaux qui éclatent et qu'il nous faut réparer, de tuméfactions libérant des substances qui, même si elles proviennent de l'intérieur, semblent étrangères au corps.

Le bistouri au sein de l'organisme cherchait à restaurer un ordre perdu. Il y ramenait les lois : en connaissant la cause, on devinait les effets. Il s'agissait – Lenz le disait parfois – d'instaurer une nouvelle monarchie. Le bistouri annonçait un nouveau royaume : il rétablissait les routes de l'organisme, redressait ce qui dans les décombres pouvait encore l'être ou, au contraire, faisait s'écrouler complètement ce qui avait encore l'air de tenir debout, mais dont les fondations avaient été détruites, aplanissant les gravats pour y installer un nouveau camp. Si tout s'est effondré et que rien ne peut être relevé, alors acceptons ce nouvel état : allongeons-nous et observons, disait Lenz.

La maladie, quant à elle, était clairement une anarchie cellulaire, un désordre, un manquement aux normes internes que certains qualifiaient même de divines, puisqu'elles étaient antérieures à toute disposition humaine. Un corps n'est pas une ville. Peut-être une carte a-t-elle été établie au préalable, mais les humains n'ont pas eu le privilège de l'étudier et de proposer des modifications.

À l'évidence, on commençait à entrer dans un monde nouveau. Une action plus puissante avait mis les dieux à terre ; l'éclat des choses était désormais l'éclat exclusif des choses, un feu de joie émettait de la lumière en raison de ce qui le constituait concrètement, le divin n'était plus un élément *qui illumine plus encore*, désormais il était simplement autre chose, en dehors de l'opposition clair/obscur. L'électricité, disait Lenz, a rendu ridicules certaines intuitions sur le divin. On ne saurait confondre ce qui inspire de la peur et du respect avec l'électricité à haut voltage.

Explosion et précision

2

Le plus stupéfiant lorsque Lenz opérait, c'était qu'à un certain moment le bistouri et même sa main droite semblaient se dissoudre dans le corps du malade. Le bistouri s'introduisait dans le corps, tel un poignard, et semblait chercher quelque chose de bien plus extraordinaire qu'une artère ; le bistouri marquait le premier point d'attaque ; une attaque, en l'occurrence, qui visait à sauver la personne attaquée.

Lenz était en proie à des sensations quasi magiques et en même temps à une irrationalité contenue : il voyait son bistouri à la recherche, non pas de telle artère ou de tel vaisseau au fonctionnement défaillant, mais de quelque chose de plus immatériel ou, employons le mot, de plus spirituel. Comme si ce bistouri servait également à détecter la culpabilité individuelle du malade, une culpabilité peut-être pas morale mais certainement organique. L'organisme malade était, à ses yeux, matériellement coupable et, en ce sens, Lenz élaborait, à travers ses raisonnements, une morale de tissus, une morale constituée de cellules noires ou blanches, de cellules brûlées ou intactes. Être immoral, en l'occurrence, signifiait ne pas fonctionner.

En quelques années d'activité seulement, Lenz avait compris qu'en médecine s'affrontaient les deux pouvoirs les plus extraordinaires que recelait la technique : l'explosion et la précision. Ces deux extrêmes étaient des adversaires. Son bistouri, et cela ne faisait aucun doute, était le messager de la précision et de la rectitude. Son message, c'était la ligne droite, le redressement de ce qui avait dévié. L'organisme malade – ou une partie de celui-ci – avait-il pris un chemin de traverse ? Le bistouri lui rappelait matériellement et avec la force qui était la sienne la voie qu'il devait suivre, le ramenait sur la route principale.

C'est pourquoi il était très étrange pour Lenz de procéder à des interventions chirurgicales à la suite d'une explosion – comme celle qui avait eu lieu quelques mois auparavant dans une usine. Une machine, victime d'un désordre interne, avait explosé et cette explosion avait provoqué un désordre interne chez un individu. Lenz était parvenu à sauver la vie de cet homme et, lors de cette opération, il avait ressenti avec une intensité hors du commun l'affrontement entre les deux pôles opposés de la technique : son bistouri incarnait la précision, la morale, la légalité qu'une partie de la technique instaure et exige, et, d'un autre côté, du côté du malade, étaient en nette expansion les effets d'une explosion provoquée elle aussi par la technique ; une explosion qui instaure immédiatement, à grande échelle – sur un champ de bataille – comme au niveau individuel, un désordre, une panique cellulaire, ce qui revient ni plus ni moins à l'instauration temporaire d'une sidérante immoralité : il ne reste plus une seule ligne droite intacte dans un corps qui vient de subir les effets d'une explosion. Une bombe, dans le fond, en voyant les choses schématiquement – de même qu'une photocopieuse est une machine pour faire des photocopies –, une bombe était tout simplement une machine faite pour exploser.

Son bistouri était donc la voix matérielle de l'éthique humaine et la bombe la voix matérielle de la perversion et du dérèglement des mœurs. Cependant, les deux camps adverses étaient constitués exactement des mêmes substances. Ils étaient fils non pas du même Dieu mais du même homme, et cela fascinait Lenz.

Et la fascination qu'exerçaient ces deux mondes était telle que Lenz ne manquait pas de penser, à chaque fois qu'il opérait quelqu'un, que le moindre écart de son bistouri, par accident ou par erreur, pouvait provoquer la mort de l'organisme opéré.

Lorsque sa main droite, exacte et magique, était en action, la décision d'aller à droite ou à gauche ne renvoyait pas à une simple question de conduite, il ne s'agissait pas d'emprunter un itinéraire plus ou moins rapide. Il s'agissait (du point de vue du patient) de vivre ou de ne pas vivre, de rester en vie ou non. L'important n'était pas la longueur du trajet ou le temps nécessaire pour le parcourir ; une décision erronée avec le bistouri – tourner à gauche quand il aurait fallu tourner à droite – n'avait rien de comparable avec une contrariété née d'un retard dû à un mauvais choix dans l'espace de la ville. Un écart de quelques micromillimètres de sa main droite pouvait envoyer le corps dans deux mondes opposés : un monde où le corps resterait vivant, bien que malade ou avec des capacités diminuées, ou un monde où le corps deviendrait cadavre, ce qui est tout à fait autre chose.

Dans l'orientation à donner au bistouri, Lenz voyait la possibilité d'allumer ou d'éteindre une chaîne hi-fi. S'il allait vers la droite – la droite, le côté de la ligne bien tracée et aussi le côté que le Seigneur, comme disait Lenz en se gaussant, avait réservé aux hommes vertueux –, il laissait l'appareil humain allumé, tandis qu'en déviant vers la gauche – le côté du diable ou de la mobilité que nous ne comprenons pas –, il éteignait l'appareil, coupait le courant. Lenz était celui à qui il revenait d'actionner le bouton décisif.

La compétence ne se définit pas avec le cœur

3

Jusqu'à présent, il était toujours allé du bon côté, mais à chaque fois qu'il se saisissait du bistouri pour une nouvelle opération, le Dr Lenz Buchmann ne pouvait s'empêcher de penser à cette autre possibilité qui, une fois encore, s'offrait à lui : il pouvait tourner le commutateur dans le mauvais sens, du côté qui stopperait intentionnellement le mécanisme. Il avait beau lui-même trouver cela choquant – car son activité professionnelle constituait le dernier réduit de moralité dans une vie qu'il savait être par ailleurs absolument déréglée –, Lenz ne s'en sentait pas moins attiré par cette seconde possibilité, par ce chemin négatif qu'il n'avait jamais emprunté.

Son engagement professionnel avait toujours été épargné par son refus systématique de négocier avec la vertu : c'était un homme d'une grande vitalité, riche, fort et qui négociait uniquement par goût du jeu, jamais par nécessité. Aussi, lorsqu'il opérait, s'employait-il à respecter les lois de la cité et les convictions communes sur le bien et le mal. Il s'y conformait tel un soldat, un animal ayant bien appris sa leçon. C'est pourquoi il sauvait les hommes malades qu'il opérait :

son bistouri menait le combat contre l'explosion et restaurait l'ordre et la précision. Il se sentait digne parce que sa main droite, « au combat » (durant l'opération), était elle-même digne. Mais les éloges, l'admiration que suscitait sa technique de la part des malades, de ses confrères médecins et du personnel de l'hôpital, lui étaient chaque jour plus insupportables. Ce n'était pas d'être considéré comme compétent qui l'irritait, mais que l'on confonde cette compétence avec une forme de bonté, sentiment pour lequel il avait le plus absolu mépris. Et cette confusion – entre bonté et compétence technique – commençait à lézarder le mur que Lenz avait érigé entre sa vie professionnelle et sa vie privée, dans laquelle la dissolution des valeurs morales était manifeste. Le plaisir qu'il éprouvait à humilier les prostituées, les femmes faibles ou les adolescents, les mendiants qui venaient frapper à sa porte ou sa propre femme, ne pouvait pas être plus éloigné de cette aura qui, à en croire certains proches des malades qu'il avait opérés et sauvés, émanait de sa personne.

C'est pour cette raison que, cet après-midi-là, lorsque la femme ingénue lui déclara, en le remerciant d'avoir opéré sa mère avec succès :

– Docteur, vous êtes vraiment un homme bon !

il ressentit le besoin, devant le personnel de l'hôpital, de répondre avec brutalité :

– Désolé, je ne suis absolument pas un homme bon. Je suis médecin.

Une explosion

L'ivresse de ceux qui survivent

1

L'ivresse que provoquait une explosion était d'une telle intensité qu'elle rendait insignifiante celle que pouvait provoquer toute autre substance toxique. En premier lieu, lors de l'explosion d'une bombe, l'hallucination ou l'abandon brutal de la rationalité pour gagner le domaine de l'urgence, qui requiert une autre rationalité, étaient des phénomènes collectifs et non individuels. Par ailleurs, juste après la déflagration, les hommes alentour se sentaient liés par un sentiment indéfinissable – que la peur et la nécessité pratique d'accomplir certaines actions ne suffisaient pas à expliquer.

On avait le sentiment, en effet, que les hommes avaient subitement ingéré une substance toxique, une substance qui pouvait avoir son origine dans la surprise et l'affolement causés par l'explosion, mais qui restait active après coup. Autrement dit, ses effets perduraient bien au-delà du premier instant. Cette substance qui grisait les hommes et les obligeait à devenir comme des animaux d'un autre genre semblait incontrôlable, et jamais aucun psychiatre spécialiste des comportements en période de catastrophe n'aurait pu prévoir en quelles proportions elle se répandait dans les différents organismes.

Mouvement et immobilité. Attaque et défense

2

Au milieu du paysage, jusqu'alors calme, rationnel et ordonné, la bombe avait explosé sur des militaires occupés à des tâches secondaires. On eût dit que le diable en personne était tombé dans le paysage – un avion dont on aurait perdu le contrôle – et qu'au moment de l'impact cet impudent avait projeté, dans le plus grand tapage, des gerbes d'étincelles rougeâtres sur le sol.

De nombreux soldats avaient été atteints. On avait tenté d'assassiner un officier de haut rang, mais après l'explosion, c'était toujours lui qui donnait les ordres.

Cet officier préservait en lui un reste de la légalité antérieure, de la loi d'avant la catastrophe, ce qui permettait aux autres de se sentir un minimum en sécurité. La sensation qu'il n'y avait plus de danger n'était possible que pour cette raison : malgré tout le sang versé, on n'avait pas réussi à faire taire l'autorité. Un bateau en train de sombrer tandis que retentissent les ordres résolus et incontestables du commandant est un bateau qui, malgré tout, sombre d'une manière organisée et humaine ; comme un homme qui, avant de se suicider, s'assure de laisser la maison propre et rangée, revêt son plus beau costume et graisse minutieusement son arme pour que tout se déroule sans accroc.

Entre-temps, le tumulte s'était répandu à travers toute la ville. Des ambulances circulaient à la vitesse du triomphe – l'affirmation de leur utilité reléguait au second plan les corps défaits et les appels au secours qui se répétaient.

Naturellement, le Dr Lenz fut appelé à l'hôpital. Le marteau avait frappé, il fallait des hommes capables de contrecarrer les effets provoqués par le métal qui était déjà en train de se dissoudre dans plusieurs corps. Les bombes laissaient des éclats dans les organismes et les médecins se transformaient en pêcheurs pressés, chargés de récupérer les détritus que quelqu'un avait introduits intentionnellement dans ce système qui, à force de tranquillité, avait peut-être succombé à l'ennui. D'ailleurs, Lenz défendait une théorie dont il vérifiait à chaque instant le bien-fondé : si un homme en proie à l'ennui était atteint par une balle à la même vitesse et dans les mêmes conditions qu'un autre homme qui se trouvait au contraire en plein combat, aux aguets, concentrant toute son énergie, le premier mourrait beaucoup plus rapidement que le second. L'indolent trépasse en un instant ; celui qui est atteint en plein mouvement, alors que toute son attention est mobilisée, pourra survivre. En outre, Lenz faisait une distinction entre deux types de mouvement : attaque et défense. Le mouvement fait pour attaquer ne rendait pas immortel l'organisme qui l'accomplissait, mais du moins le rapprochait-il de cet état. En ce sens, il y avait pour Lenz une hiérarchie non seulement dans les forces en présence, mais également dans la résistance aux balles : les plus forts et, si l'on peut dire, les plus immortels étaient ceux qui étaient en mouvement pour attaquer ; venaient ensuite ceux qui étaient en mouvement pour se défendre ; et enfin, les plus fragiles, les plus mortels, en somme les plus malades : ceux qui ne bougeaient pas, les indolents.

Mais le Dr Lenz dut suspendre ses divagations : il arrivait des hommes que la technique maligne et rapide avait atteints dans leurs mouvements vers l'avant. Ceux-là méritaient donc d'être sauvés.

Retirez-vous, je vous prie, vous n'avez rien à faire dans cette salle

3

Rechercher les éclats de métal disséminés dans le corps était un art : sa main droite flânait dans cet espace, mais en suivant une direction déterminée, en visant une destination précise.

Si Lenz n'éclatait pas de rire, c'était uniquement parce qu'il n'était pas seul, mais ses gestes – qui semblaient camouflés par un étrange deuxième gant : la poitrine du soldat atteint – se moquaient d'eux-mêmes. Lenz avait l'impression d'effectuer une sorte de travail manuel qui, dans le fond, était semblable, à ses yeux, au modelage de la glaise ou au travail du bois. Tout sentiment d'empathie se dissolvait dans l'expertise professionnelle et dans la reconnaissance de son triomphe sur ce corps couché sur la table d'opération. Lenz était vivant, debout, sa raison intacte, et il avait également la maîtrise du langage : c'était lui qui, dans cette salle, décidait de chaque « oui » et de chaque « non » – et il savait depuis longtemps que la maîtrise de ces deux mots extrêmes lui permettait d'affirmer son pouvoir de la plus incontestable des manières.

Une infirmière, affolée, demandait au Dr Lenz s'il

voulait qu'elle lui passe un autre bistouri, avec une pointe plus fine, et Lenz répondait : Non. Non, non. Oui, oui, oui.

Disons que cet « artisanat organique », cet artisanat rudimentaire, à un certain moment, l'enthousiasmait. Lenz savait que les balles ou les éclats de bombe – autrement dit, tous les fragments métalliques qui s'étaient répandus en cet endroit – ne cherchaient rien d'autre que ce que cherchent tous les êtres vivants : un abri, une ultime demeure où ils pourraient trouver le repos, se sentir en sûreté. Et ce qui, pour un individu, consiste à chercher un abri apparaît aux autres, qui le voient de l'extérieur, comme une fuite : quelque chose ou quelqu'un cherche à se cacher. Lenz savait qu'il était fondamental, pour la chasse au métal aussi, qu'elle ait lieu avant que chaque fragment n'ait trouvé son abri final, car alors, aussi grandes que fussent ses capacités, il lui serait difficile d'extirper non pas le métal, mais les effets de celui-ci de la structure organique et cellulaire que Lenz connaissait si bien. Dans le fond, le bout de métal, aussi petit fût-il, n'avait pas un instinct différent de celui des lièvres ou de n'importe quel autre animal qui, dans un bois, s'efforce d'échapper au regard du chasseur et de trouver un abri imprenable. Et ce qu'allait arbitrer la vitesse de son bistouri, c'était le conflit entre la protection, le confort et la sécurité que le bout de métal cherchait à trouver et la survie de l'homme atteint. Le pronostic vital de cet homme était engagé si le bout de métal parvenait à trouver refuge – s'il s'embourgeoisait, aurait dit Lenz – dans le dernier recoin, le dernier millimètre cube de son corps.

Le tumulte, entre-temps, enflait puis diminuait, les salles de l'hôpital semblaient obéir aux mêmes rythmes que les marées. Par ailleurs, la concentration en rationalité décroissait à mesure qu'augmentaient les arrivées de nouveaux corps ensanglantés ; la vision d'une déchéance aussi brutale, qui n'affectait pourtant que les corps, semblait complètement bouleverser ce qui faisait la grande force de la collectivité humaine : sa capacité à prendre des décisions de manière planifiée et raisonnable. Des infirmiers se télescopaient, deux médecins donnaient au sujet d'un même blessé des indications contradictoires ; en somme, certains se montraient à l'évidence analphabètes face au discours d'un événement proche de la catastrophe. Nombre de personnes de l'hôpital n'étaient guère préparées que pour la normalité – normalité qui semblait être un autre nom de l'éternité : la répétition à l'infini d'une suite déterminée d'événements.

Il était à présent en train de tonner contre une infirmière qui tremblait comme si chacun des blessés avait été son amant, son père ou son fils. Elle était si nerveuse qu'elle en oubliait tout ce qu'elle avait appris et s'empêtrait dans ses propres mouvements.

Ainsi, après une nouvelle maladresse, Lenz cria à l'infirmière : Non ! Et d'un geste brusque, il lui désigna la sortie.

– Si vous ne savez pas attraper un bistouri ni actionner correctement les machines, lança-t-il, sortez de cette salle d'opération. Sortez ! cria-t-il.

Il n'avait pas besoin d'elle, de son irrationalité.

Qu'elle aille prier ailleurs. Ici, non. Ici c'est autre chose.

Et l'infirmière dut quitter les lieux.

Retour au calme

Capable de haïr la nature, capable d'être haï par elle

1

– Oui, répondit Lenz, sans relever la tête, quand on lui proposa une cigarette.

La situation avait changé, le tumulte avait cessé. L'arme que les événements semblaient avoir braquée sur la tempe de Lenz, en disant « agis ! », avait été baissée. Le Dr Lenz pouvait tranquillement fumer une cigarette.

La tempête est passée, déclara quelqu'un, mais en réalité il ne s'agissait pas d'une tempête, plutôt d'une désynchronisation entre la fragilité organique des soldats et une manière dépassée d'occuper le temps de la part des êtres humains. Une catastrophe, c'était au bout du compte une exigence d'actes excessive de la part des événements : les humains ne parvenaient pas à faire tant de choses en si peu de temps. Tout ce qui était très rapide, et *a fortiori* instantané, était plus fort que l'homme ; c'est pourquoi, finalement, la force était synonyme de vitesse. Ainsi, dans les cataclysmes, les éléments étaient tout simplement les plus rapides à prendre les armes.

Lenz ne se faisait pas d'illusions sur la terre qu'il foulait : il existait entre l'homme et la nature un point de rupture qui avait été dépassé depuis longtemps. Il y avait une lumière nouvelle dans les villes, la lumière de la technique, lumière qui faisait des bonds matériels dont aucun animal n'avait été capable jusqu'alors ; et cette clarté nouvelle accroissait la haine que les plus vieux éléments du monde semblaient nourrir depuis toujours à l'égard de l'homme. Il redoutait tout autant un tremblement de terre qu'une journée ensoleillée où des oiseaux inconnus semblent vouloir se lier d'amitié pour l'éternité avec des couples d'amoureux choisis au hasard. Dans ces journées de calme, Lenz décelait une santé trompeuse, une préparation du mal – quelqu'un nettoyait minutieusement le catafalque la veille de l'arrivée de la dépouille. L'ordre qui régnait entre les éléments ne soulevait en lui aucun enthousiasme ; il savait pertinemment que cet ordre ne pouvait pas être confondu avec l'ordre régnant dans les villes, où le maestro, les lois et la police indiquent la direction que doivent suivre la musique et les criminels. On sait parfaitement où va chaque chose. Mais ce qui était de l'ordre pour la nature était étrange pour la ville.

Parfois, Lenz en arrivait même à interroger, en pensée, le jardin tranquille : à quoi es-tu donc en train de penser ? Comme si lui-même et la nature prenaient réellement part à un jeu dans lequel auraient leur importance la rationalité, mais aussi la force musculaire et la volonté. Une journée tranquille était, aux yeux de Lenz, une journée où la nature affichait sa bonne santé et, en ce sens, une journée où elle accumulait des forces que tôt ou tard elle jetterait contre les humains. Lenz n'avait pas confiance en la nature.

Ils étaient dans le fond – les hommes et les éléments

de la nature – des choses placées dans un même espace, mais qui ne partageaient pas un seul instant historique. La nature, d'ailleurs, n'avait pas d'histoire, tout se répétait : les éléments concrets du paysage n'avaient pas encore inventé la roue, tandis que les hommes, eux, avaient fabriqué depuis longtemps des avions de chasse. De fait, l'histoire de la nature en était au point zéro, elle n'avait pas encore démarré, le deuxième jour ne s'était pas encore levé, elle en était toujours au premier matin : *la nature n'a pas encore inventé le feu*, avait coutume de dire Lenz, reprenant à son compte une idée de son père, Frederich Buchmann.

Il n'y avait pas la moindre différence historique entre le vent qu'il pouvait sentir en ce moment depuis la fenêtre de l'hôpital et le vent qui avait touché le visage d'un empereur romain. Mais cette immuabilité n'était pas un signe de faiblesse. Au contraire, l'imperméabilité à l'histoire, aux changements, était la grande arme de la nature et, en ce sens, c'est là que résidait le danger qu'elle représentait : la pointe qui brûlait. Par ailleurs, si les matériaux et la façon de les transformer au moyen d'utiles méthodes de torture – torsion, dissolution, fusion – avaient évolué, les passions humaines, quant à elles, n'avaient pas progressé d'un iota. Pas le moindre sentiment nouveau n'était apparu dans la génération de Lenz. Contrairement à ce qu'énonçait la sentence biblique, il y avait des choses nouvelles sous le soleil ; en revanche, c'était sous la peau qu'il n'y avait rien de nouveau. Le cœur menait les mêmes combats et était traversé des mêmes doutes que sous l'Antiquité. Évidemment, la technique et la médecine, dont il était un fidèle porte-drapeau, permettaient la prolongation des passions ; ce qui pour Lenz signifiait seulement que l'être humain pouvait désormais haïr plus longtemps.

L'allongement de la durée de vie, ce surplus d'existence, représentait aux yeux de Lenz une période supplémentaire d'incubation de la haine, de la dissension et du désaccord entre les êtres humains à propos de leurs opinions, de leurs objectifs, de leurs désirs et de leurs coutumes. Pour Lenz, il était entendu, à chaque fois qu'il sauvait quelqu'un par une opération chirurgicale, qu'il sauvait statistiquement un homme ; et les statistiques étaient une forme exacte de manifestation de l'indifférence.

Quelle importance un doigt peut-il bien avoir ?

2

Regarder un tableau de statistiques démographiques, avec ses colonnes successives de chiffres, avait toujours constitué à ses yeux une expérience qui lui permettait de comprendre chacun des actes commis par les régimes les plus violents. Les chiffres correspondaient à une intensité négative qui annulait absolument toute possibilité de rapprochement entre deux corps.

En tenant dans ses mains un tableau qui détaillait le nombre de médecins et d'employés de l'hôpital répartis par services – un tableau sans aucun nom, avec seulement la *quantité* par spécialité médicale et par salle d'opération –, en tenant un tel « document » entre ses mains, Lenz s'amusait, parfois, à demander à quelques-uns de ses collègues, en désignant les chiffres dans les colonnes, à quel endroit ils se trouvaient.

Et certains, les plus ingénus, se laissaient piéger et essayaient, en cherchant le plus normalement du monde, de trouver où ils étaient, où ils se situaient au milieu de cet amoncellement de chiffres. Dans le fond, ils cherchaient à transformer des numéros en noms, et cet effort de localisation de la colonne et de la ligne auxquelles ils appartenaient faisait naître chez Lenz un sourire de compassion cynique ; il lui semblait entendre les suppliques d'un condamné promis à la chambre à gaz, implorant son bourreau afin de ne pas être le prochain. Cependant, la question était par trop sérieuse : si ce n'est pas toi le prochain, dis-moi qui doit y aller à ta place. Donne-moi le nom de celui qui doit te remplacer. Lenz savait que ce cynisme tragique disait à lui seul toute l'humanité : dis-moi qui doit y aller à ta place.

Mais le monde continuait de tourner et le Dr Lenz Buchmann fut interrompu dans ses considérations et sa pause cigarette par un début d'esclandre : un civil, qui avait eu un accident de travail (aucun rapport, donc, avec l'explosion) et qui avait été amputé de l'index de la main droite, était en train de troubler, par ses appels répétés, le silence qui s'était installé dans l'hôpital. Il souhaitait attirer l'attention de l'infirmière et insistait pour se lever de son lit. Ce petit homme était déjà dans le couloir lorsque Lenz l'interpella pour l'admonester.

– Quel est votre nom ?

– Joseph Walser.

– Bien, monsieur Joseph Walser, tenez-vous correctement, je vous prie.

L'homoncule fut visiblement très gêné. Le Dr Lenz lui tourna le dos. Quelle importance un doigt peut-il bien avoir ? Un couard, pensa-t-il.

Le frère

Quelque chose appelle de l'autre côté

1

Lenz consultait les dossiers des malades. La lettre A. Puis la lettre B. Buchmann, Albert Buchmann.

Les fiches successives formaient un alignement de têtes, résultat d'une série de décapitations techniques, factices, mais pas moins impressionnantes pour autant. Le dossier présentait, en face de chaque nom, des radios et des scanners du crâne. L'intérieur était comparable d'une tête à l'autre, mais évidemment l'image ne faisait pas apparaître les différences intellectuelles : les os du crâne d'un idiot ne maîtrisant même pas le langage ne seraient pas différents de ceux d'un savant ou d'un homme d'action.

Lenz était fasciné par cette « stupidité neutre » du squelette, par cette brutalité objective de la radiographie qui révélait une sorte de démocratie invisible, sans commune mesure avec les impressions que provoquaient habituellement des portraits ordinaires – des photos, par exemple.

À chacun de ces crânes devait certainement correspondre un visage singulier, dont il pourrait avoir envie de se détourner ou de s'approcher. Certains visages valaient déclaration de guerre immédiate et d'autres, au contraire, semblaient si faibles, leur expression si négociée avec les conditions extérieures, qu'aucun homme ayant un minimum de fierté n'en voudrait, même pour ses domestiques. L'audace, la capacité de renoncement, l'ardeur mobilisée pour le sacrifice ou pour le confort, toutes ces qualités ou tous ces défauts appartenaient au monde des expressions faciales, mais ce que Lenz observait à présent, c'était le monde de l'indéterminé, de l'informe, le visage de l'espèce et non de l'individu. Il observait les crânes, cette structure conçue par une ingénierie millénaire permettant à une tête de se relever pour accepter un duel ou de s'incliner pour éviter de regarder celui qui souffre. Il n'y avait pas de bonheur ni de malheur à l'intérieur de ces crânes ; certains présentaient simplement des taches noires qui n'appartenaient pas au monde de la sûreté ou de la santé, mais bien au monde de la mort, la mort encore inachevée – la maladie –, mais qui progresse à grands pas.

Il regarda l'image du crâne d'Albert, son frère : deux énormes points noirs.

Quelque chose commençait à exiger la présence d'Albert Buchmann de l'autre côté.

Radiographie et paysage

2

Ce qui avait toujours fasciné Lenz dans la maladie, c'était l'inutilité du travail ; le malade ne pouvait travailler à sa guérison. En ce sens, l'homme se voyait dépossédé de sa grande capacité : celle de construire, tout simplement la capacité de faire. *Faire* était le grand verbe humain, celui qui avait clairement séparé l'homme de la fourmi, du chien ou des plantes : ce qu'il avait fait était gigantesque, puissant ; jamais immortel, mais du moins appelé à durer bien plus que n'importe quelle réalisation de toutes les autres espèces.

Le *faire* avait rendu l'homme digne d'un grand ennemi, d'un ennemi qui ne s'était pas encore manifesté, puisque toutes les espèces animales avaient depuis longtemps baissé la garde et capitulé. C'est ce *faire*, du reste, qui avait détruit les liens qui existaient à l'origine entre l'homme et le paysage.

C'était la même chose qu'avec ces crânes mis à nu : on ne voyait le paysage que lorsque le visage du monde se décharnait. Et sa nouvelle chair, le nouveau visage du paysage, était un visage humain, qui était partout désormais. Le crâne des éléments naturels se trouvait en réalité caché par les milliards d'humains, et aussi par les ponts, les usines, les hautes constructions qui s'affrontaient en un combat de coqs immobiles (c'était à qui monterait le plus haut, à qui accueillerait le plus de monde).

Lenz sentait qu'il manquait à l'homme une science qui lui permettrait de radiographier les éléments de la nature. *Voir le crâne du paysage*, voilà un objectif, murmura Lenz à part lui, en refermant le tiroir rempli de dossiers. Il avait conservé dans sa main droite la radiographie du crâne d'Albert Buchmann, son frère, à qui il ne restait à l'évidence pas plus d'un an à vivre. Deux taches d'une noire gourmandise étaient installées en un endroit dont elles ne sortiraient plus : elles avaient trouvé leur dernier refuge dans la tête de son frère.

Et que ressentait Lenz face à cela ? Face à la mort annoncée d'Albert Buchmann, son frère aîné ? Rien, absolument rien. Il regardait cette radio comme on regarde un paysage. Il s'en détournait de la même manière.

Radiographie et désir

Rituel et accoutumance

1

Ce qui avait été une provocation inopinée et au départ presque ludique était devenu une habitude, qui dépendait à présent de la poussée des forces qui entourent le désir : ce clochard revint chez le Dr Lenz B. – il recevait du pain, il mangeait, il recevait de l'argent – et le Dr Lenz refaisait ce que sa femme avait accepté avec passivité, presque avec joie, comme une sorte de nouvel engagement entre eux deux. Devant le clochard, dans la cuisine, Lenz et elle forniquaient. La femme – Maria Buchmann – acceptait tout et, de temps à autre, poussait le raffinement jusqu'à faire l'ingénue, l'étonnée – elle qui était tout le contraire.

Mais, auparavant, le clochard était humilié avec une remarquable lenteur. Buchmann ou sa femme faisaient mine d'aller chercher de l'argent dans le portefeuille pour le lui donner, mais s'arrêtaient dans leur élan et disaient : « Le moment n'est pas encore venu. »

Lenz lisait et commentait les nouvelles de la presse du jour, lui posait des questions, raillait l'ignorance de cet homme : *Dans quel monde vivez-vous ? Vous êtes si mal informé. La politique ne vous intéresse donc pas ?*

Et lors de chaque visite, le rituel était respecté : Lenz

ne lui donnait ni argent ni nourriture avant que le clochard ait chanté l'hymne.

Les premières fois, le Dr Lenz dut corriger certaines phrases que le clochard avait écorchées, mais celui-ci chantait désormais sans plus commettre d'erreur.

Un soir, alors qu'il n'avait pas encore prié sa femme de venir leur tenir compagnie – afin de l'exciter plus encore en la faisant patienter –, le Dr Lenz lança soudain à cet homme auquel, au bout de six mois, il n'avait toujours pas demandé comment il s'appelait :

– Vous savez quoi ? Mon frère Albert va mourir. Il a deux taches ici, dit-il en désignant le cerveau.

Mesurer le mal

2

Lenz tenait dans sa main droite la radiographie du crâne de son frère Albert B. et la montrait à l'homme qui, comme toujours, ne disait quasiment pas un mot, opinait de la tête, essayait d'écouter, se montrait attentif.

– Regardez, là – et Lenz désignait les deux taches sur la radio.

Ils étaient tous deux assis autour de la table de la cuisine. Le clochard n'avait mangé qu'un petit pain. Il y avait de la nourriture sur la table, mais Lenz ne l'avait pas encore autorisé à se servir. Le clochard essayait d'oublier combien il avait faim et de se concentrer sur les propos de Lenz, car il savait que s'il ne se montrait pas intéressé, ce serait pire ; le Dr Lenz ferait durer le rituel encore plus longtemps et pourrait même s'emporter et le renvoyer sans nourriture ni argent. Le visage était capital et, par-dessus tout, l'expression des yeux : le clochard savait que les yeux pouvaient tout faire capoter. Il s'efforçait donc de concentrer une certaine énergie, l'énergie de l'attention, autour de ses yeux. Et cette attention portée à un événement constituait une masse une et indivisible : il n'était pas possible d'être, en même temps, attentif à l'odeur de la nourriture et à la radio du crâne que le Dr Lenz lui montrait. Les efforts du clochard étaient impressionnants. Mais il connaissait les règles du jeu et n'avait qu'une volonté : recevoir de l'argent ou de quoi manger, rien de plus. Pour parvenir à ses fins, il savait ce qu'il avait à faire. Et pour l'instant, c'était ceci : montrer qu'il s'intéressait à la radiographie du crâne.

– Regardez, insistait Lenz, deux taches, énormes. Lenz désignait les taches. Je vais chercher une règle, je vais les mesurer.

Le Dr Lenz se leva, sortit de la cuisine et gagna le fond de la maison. Le clochard resta immobile, assis ; il s'efforça de ne pas bouger, il s'efforça de ne pas même regarder la nourriture. Son estomac lui faisait mal, mais il lui fallait encore attendre.

Le Dr Lenz revint. Il rapportait une règle.

– J'ai trouvé. Une règle. Pour trouver une règle ici, il me faut quasiment une carte. Vous connaissez ma femme… Lenz rit.

Le clochard acquiesça d'un signe de la tête.

– Regardez, dit Lenz en mesurant avec la règle, ici un centimètre, plus d'un centimètre. Et ici trois millimètres seulement, mais c'est déjà beaucoup. Trois millimètres, c'est déjà beaucoup et un centimètre, alors, ça correspond à un volume que personne ne peut plus extirper : c'est un poids, vous comprenez ? Ces choses-là pèsent ; et à partir d'un certain stade, il devient impossible de soulever un tel poids, de l'enlever de là, de sa place. La médecine n'a pas de grue à sa disposition. C'est vraiment une affaire d'ingénierie, mais l'ingénierie n'a pas évolué aussi rapidement dans le domaine des petites choses que dans celui des grandes. Les bestioles minuscules posent plus problème qu'un bison ; on n'a pas encore trouvé les pinces adéquates, vous saisissez ?

Cinéma

3

– Mais vous savez quoi ? poursuivit le Dr Lenz. Entre cette radio de mon frère Albert et celle que l'on obtiendrait avec vous, il n'y aurait guère de différence. Ce sont deux têtes : une, deux. Évidemment, dans votre cas, si vous aviez quelque chose de ce genre, vous n'auriez même pas le plaisir de voir une telle image : vous auriez de violents maux de tête et puis, peu de temps après, tout serait fini.

Au moins quelques personnes ont-elles le droit à une forme de cinéma. Le droit de voir le film qui se déroule à l'intérieur de leur propre crâne. C'est presque un divertissement, au même titre que n'importe quel autre. Mais bien sûr, un divertissement qui finit mal. Vous savez quoi : je vais vous chercher à manger. Vous voulez de l'argent ?

Réflexions sur la maladie

Fleur noire

1

Lenz voyait parfois dans la maladie une rencontre fortuite avec un badaud qui, après un choc violent, oublierait entre nos mains, distraitement, une fleur noire. Lorsqu'on se relève enfin et qu'on veut la lui rendre, le badaud pressé a déjà disparu. On se met à courir la fleur noire à la main – elle ne nous appartient pas, elle pourrait faire défaut à celui qui l'a perdue –, mais rien, pas la moindre trace : l'étrange promeneur a filé, s'est volatilisé. Et entre nos mains se trouve toujours la fleur noire. Le mouvement suivant pourra ressembler à un non-mouvement – l'indécision –, mais la sensation d'inconfort cessera bientôt d'être un détail pour devenir l'essentiel : il deviendra urgent de se débarrasser de cette fleur abjecte. Voilà que l'on se trouve à quelques centimètres seulement d'une poubelle, on en soulève le couvercle et de la main droite on jette la fleur. Mais il survient ceci : la fleur noire reste dans la main, collée, on ne peut déjà plus s'en défaire, *à moins d'abandonner le bras avec.* Les jours suivants donneront lieu à d'innombrables tentatives, d'abord pour se défaire de la fleur noire et ensuite pour l'oublier. Cependant, arrive un moment où l'organisme change de part en part, comme un pays change de monnaie : d'autres valeurs, d'autres références ont cours désormais ; et l'homme se résigne. Il n'y a plus de fleur noire ; et les médecins donnent à cet ensemble de faits invraisemblables un nom logique et ancien : maladie.

Stratégie du Mal

2

Ce qui stupéfiait le plus Lenz dans son parcours de médecin, c'était que chaque maladie, il l'avait rapidement compris, fondait une science singulière, avec sa méthodologie propre, ses instruments spécifiques – son temps de croissance et de maturation, toujours différent d'un cas à l'autre, et ses résultats, qui offraient à chaque fois quelque chose d'étonnant, de nouveau. Lenz avait clairement la sensation que quelqu'un menait des expériences ; exactement comme un chimiste manipule des substances sur sa paillasse, quelqu'un mélangeait des éléments, testait les réactions, introduisait de légères variantes. Les maladies – celle-ci en particulier – cherchaient les meilleurs chemins, comme n'importe quel animal vivant, ceux présentant l'inclinaison la plus propice au mouvement. Il y avait une logique d'infiltration dans cette maladie. Ce n'était pas une masse noire, brutale et surgie subitement pour tout envoyer par le fond, ce n'était pas une bombe. Au contraire, c'était quelque chose qui semblait prendre plaisir à ne pas mettre à terre immédiatement, qui veillait à préserver une unité maligne dans son mouvement, en infligeant tant de souffrance à la minute, ou au centimètre carré, cadence qu'elle cherchait à ne pas dépasser dans un premier temps, et son plaisir semblait redoubler face à la résistance de l'organisme. C'était une maladie qui progressait le long d'un parcours de ruelles ; elle était peut-être partie d'un point central, mais rapidement elle gagnait des points insignifiants de l'organisme. C'était une maladie qui précisément ne commençait à retenir l'attention de l'organisme que lorsque celui-ci, dans ce combat, allait bientôt endosser le rôle du plus faible. Il n'y avait pas de lutte au corps à corps : la maladie n'était pas un corps, elle était un matériau peu visible, presque transparent ; on ne pouvait jeter à terre une telle maladie comme on l'aurait fait d'un homme.

En fuyant le duel, en privilégiant une guérilla minimale, la maladie agissait en adoptant une stratégie de conquêtes d'alliés successives et les différentes analyses montraient bien qu'au fil du temps, mois après mois, les parties saines de l'organisme faisaient défection, passaient à l'ennemi, dans une attitude où se mêlaient reddition et trahison.

En constatant, stupéfait, la rapidité de la progression de la maladie chez certains individus, cette incroyable capitulation de la part d'organes qui, quelques mois auparavant, semblaient encore vigoureux et imprenables, Lenz sentait que ces organes, déjà domestiqués par le mal, n'avaient pas simplement été faits prisonniers, car les prisonniers ne tirent pas contre leur ancienne caserne. Pire que cela, ils faisaient donc déjà partie de l'armée ennemie, d'où la vitesse à laquelle, à partir d'un certain stade, la mort venait chercher les gens. Il n'y avait pas d'équilibre entre le monde des vivants et le monde de la mort. D'un côté on ne pouvait rien faire, il n'y avait pas de matériel de construction, et d'un autre côté on pouvait faire : à l'évidence, il y avait du matériel pour anéantir, supprimer, détruire.

Deux côtés et non un seul

3

Pourtant, le matériel en jeu, dans le fond, était le même : la maladie tuait avec les cellules dont étaient faites les grandes volontés, décisions et actions du passé : c'était la même matière organisée différemment, avec une charge négative.

Un homme tentait de résister, de survivre, en ayant pour alliés les autres hommes ainsi que les siècles de perfectionnement médical et technique. De l'autre côté, la maladie était elle aussi renforcée par des siècles d'une histoire particulière, d'une histoire à laquelle les hommes n'avaient pas accès, mais qui devait certainement avoir son parcours, avec ses hauts et ses bas, son lot d'invasions, de révoltes, de ruines et de splendeurs. Les maladies, les émissaires de la mort, ne s'étaient pas arrêtées.

Il y avait donc dans le monde deux systèmes organisés et non un seul. Il y avait le système des vivants, dominé par le grand homme des cités les plus évoluées, et le système de la mort, parfaitement inconnu, dont les ressorts étaient d'une autre nature et qui avait des objectifs et des méthodes spécifiques.

Le système de la mort ou, plus exactement, la volonté de la mort, progressait en mobilisant des moyens innombrables, surprenants parfois, mais les maladies, et celle-ci en particulier, constituaient ses grands atouts. Précisément parce qu'elles sortaient de la catégorie de l'accidentel, du non-intentionnel, du hasard. La maladie n'était pas la conséquence d'une nature distraite. Au contraire, la nature, pensait Lenz – en considérant qu'elle est ce que l'homme n'est pas ou ce qu'il ne maîtrise pas totalement – exprimait, à travers la maladie, une volonté de combat, une volonté maligne, si l'on se place du point de vue humain, ou simplement une volonté forte, si l'on adopte un point de vue neutre, extra-humain.

Et c'était à cette hauteur, à la crête des montagnes, que Lenz tâchait parfois de se placer : extra-humain, il assistait au combat qui opposait deux forces et deux volontés et, endossant le rôle du spectateur, il s'émerveillait de l'esthétique des étincelles et des blessures, en se refusant à prendre parti – aux plans affectif et moral – pour l'un des deux camps.

En tant que médecin, il avait évidemment l'obligation, professionnelle et au niveau pratique et instrumental, d'agir en prenant position en faveur d'un côté, le côté humain. Il était un soldat de l'armée qui avait fondé les cités, mais rien de plus : jamais on ne l'aurait entendu défendre à cor et à cri la cause humaine ; l'espèce ne lui aurait pas inspiré plus de commisération que son bistouri, si celui-ci s'était brisé accidentellement. Il avait une approche individuelle de la souffrance ; il n'acceptait pas la souffrance par procuration ; la compassion était un sentiment superflu ou, comme disait Lenz lui-même, *un outil inutile pour l'existence*, qui techniquement ne réglait rien : c'était comme se saisir d'un marteau pour assembler deux pièces de tissu.

S'approcher de la montagne

4

Maître de ce langage qui ne relevait pas la tête, langage minuscule utilisé entre ses deux mains et les cellules malades, Lenz adorait avant tout l'air libre, l'air qu'on respire quand on se trouve loin de l'odeur et de la chaleur que dégagent les équipements de défense qui abondent en milieu hospitalier.

Au contact des éléments muets du monde qui n'étaient pas encore passés sous le contrôle de l'homme, Lenz se sentait proche de véritables dispositifs d'attaque et non pas de défense, comme à l'hôpital. À la montagne, dans la forêt, le long des champs de terre désordonnés, Lenz sentait le tremblement tout proche de quelque chose qui ne souhaite pas uniquement perdurer, qui ne recourt à aucun équipement médical dans sa lutte pour survivre.

Le désordre de la terre n'était pas un bistouri, mais un poignard. Seul, errant à travers des espaces inconnus, sans la moindre trace de métal dans les environs immédiats, Lenz avait l'impression d'être un soldat égaré qui vient se fourrer au beau milieu d'une armée venue d'un autre pays, qui parle une autre langue et qui marche, en formation offensive, sur une ville. Et, se trouvant dans la peau de ce soldat, Lenz savait que ce qu'il avait de plus sensé à faire, c'était d'imiter les autres, de se fondre dans ce courant d'excitation : il ignorait s'il se trouvait parmi les vainqueurs, mais il avait la certitude de se trouver au milieu de ceux qui attaquaient. Et c'était bien là que voulait être Lenz Buchmann.

Un épisode avec une malade en phase terminale

La demande

1

Un épisode, qu'il conviendra d'interpréter correctement.

Une malade en phase terminale, hospitalisée depuis de longs mois dans son service, avait remis au Dr Lenz une lettre cachetée.

– C'est pour mes enfants. J'ai mis l'adresse.

Elle demandait certainement à ses enfants de venir la voir.

Bien qu'ayant apporté de bonnes preuves de sa résistance physique, elle était près d'abandonner le combat, c'était évident. Son aspect s'approchait déjà de cette frontière où la compassion que ressentent les autres cède la place à une forme de répugnance qui, même contrôlée et humanisée par des comportements tout en retenue, ne permet plus certains gestes spontanés d'encouragement ou de sollicitude. Elle l'avait compris et, pour cette raison, avait cédé. Elle qui n'avait jamais appelé ses enfants avait finalement écrit la lettre signant sa reddition et dans laquelle elle disait sans doute quelque chose comme : *j'ai besoin de vos adieux*.

Ses enfants – Lenz ne se souvenait plus si elle en

avait deux ou trois – vivaient à l'étranger. Ils savaient que leur mère était malade, mais pensaient qu'il s'agissait d'un état passager, et non du véritable épilogue de son parcours.

Lenz prit la lettre avec réticence et seulement du bout des doigts. Un geste presque instinctif : c'était devant lui, en effet, que la femme avait cacheté l'enveloppe avec sa salive, opération que Lenz avait jugée d'une inélégance absolue.

Il glissa la lettre dans la poche de sa veste.

– Elle partira aujourd'hui.

– Oui, dit la femme, merci.

Lenz prit congé en inclinant légèrement la tête, puis actionna la poignée de la porte.

– Je veux leur dire adieu, dit encore la femme.

– Ne vous en faites pas, répondit le Dr Lenz.

La lettre

2

Quand il arriva chez lui, ce soir-là, après une nouvelle série de sollicitations et de menus événements, le Dr Lenz retira sa veste et posa la lettre, sans plus s'en soucier – désormais, pour lui, elle n'était rien de plus qu'*une lettre* parmi d'autres. Il la posa sur la table où il laissait toujours les papiers qu'il rapportait de l'hôpital, lesquels se mélangeaient rapidement aux papiers et aux journaux des jours précédents.

La semaine suivante s'écoula aussi rapidement qu'à l'accoutumée et le Dr Lenz n'eut guère le temps de se poser chez lui. Quelques opérations chirurgicales, dont trois de grande importance, des opérations visant à tromper la mort à la dernière minute (c'est ainsi que Lenz les décrivait) : il n'avait rien fait d'autre, au cours de ces jours-là, que de se conformer aux procédures qui régissaient habituellement son activité.

La lettre de la moribonde resta ainsi toute cette semaine au milieu d'un fatras où se mêlaient d'autres lettres et divers papiers. Le samedi, un peu plus disponible, Lenz jeta un œil sur son courrier en retard, ouvrit les lettres qui lui étaient adressées, répondit même à l'une d'elles qui sollicitait en urgence son avis sur une restructuration du personnel auxiliaire au sein de l'hôpital, et tomba ensuite, sans s'en émouvoir, sur la lettre de la femme. Il la sépara de ses affaires et la plaça sur un petit support au-dessus du buffet du salon, pour la porter ensuite à la poste. La lettre de la moribonde était à présent isolée des autres papiers, extraite de la confusion et parfaitement visible dans une partie de la maison où il y avait constamment du passage.

Tout le monde a le droit de faire ses adieux

3

Mais les jours passèrent et le Dr Lenz oublia la lettre. Rien d'intentionnel.

C'est qu'il existait en lui un double circuit : un circuit extérieur, correspondant à ses actions et à ses conversations, et un autre, intérieur, invisible et non partageable, qui avait finalement le dessus. Ce circuit des pensées l'occupait à un point tel que, parfois, même sa femme devait lui signaler sa présence, en interférant dans le champ spatial de son mari, en le touchant, voire en le bousculant légèrement, pour que Lenz prête attention à elle et réalise pour de bon que quelqu'un se trouvait à ses côtés.

Lenz se considérait comme un observateur du monde et c'était de cette position qu'il tirait une partie de sa force : il n'avait pas encore été appelé au centre ; l'existence était quelque chose qu'il pouvait voir – la sienne tout comme celle des autres – en spectateur n'ayant d'autres soucis que son alimentation, son sommeil et la qualité du spectacle. Lenz ne parvenait pas à cacher qu'il se considérait lui-même comme l'unique instance décisive de sa vie. Tout le reste était secondaire au regard de ce qu'il tenait pour essentiel dans ce problème, le seul problème important : le fait d'être vivant. Cette vénération disproportionnée qu'il avait toujours éprouvée à l'égard de son père tirait son origine de la vénération que lui inspirait l'autosuffisance. Ses parents – ceux qui lui avaient donné la possibilité d'avoir à résoudre le problème d'être vivant – étaient les seuls dont il n'eût jamais pu dire : *ils n'ont rien fait pour moi* – puisque, en vérité, ils l'avaient fait, lui, de la tête aux pieds : une maison humaine.

Vis-à-vis de son frère, par exemple, il ne se sentait redevable de rien : Albert et lui étaient des constructions différentes, deux maisons côte à côte. Dans l'une, on pourrait être privé de lumière pendant des années et dans l'autre l'électricité pourrait ne jamais manquer et être méprisée comme ce dont on dispose en surabondance. Il n'y aurait jamais rien de *sentimental* entre les deux maisons.

De manière irréversible, les deux frères s'étaient éloignés. Autrement dit : toute approche s'assimilait à une attaque et ne pouvait en aucun cas être le prélude à une simple poignée de main.

Indubitablement, existait le sentiment d'une lutte pour un espace. Le patrimoine matériel, mais également le nom de famille constituaient les motifs d'une aversion qui, tôt ou tard, ne pouvait qu'aboutir à l'éclatement d'un conflit ouvert. À qui revenait, plus qu'à l'autre, le droit d'utiliser le nom de la famille ? Telle était la vraie question. Parce qu'en la matière, toute division est impossible : un nom n'est pas un terrain qu'un instrument de mesure plus ou moins bien intentionné peut diviser de sorte à laisser les deux parties un minimum satisfaites. Un nom est indivisible.

Et pour Lenz, le nom de famille était fondamental : Buchmann. Si Lenz Buchmann ne l'exhibait pas et n'exigeait pas qu'on l'utilise pour s'adresser à lui, c'était uniquement parce qu'Albert, Albert Buchmann, son aîné de quelques années, avait commencé bien avant lui à l'exhiber, en semblant le poser sur la table avant d'entamer la moindre discussion. Il était hors de question que Lenz accepte d'être le second Buchmann, ne serait-ce que parce qu'il considérait que chez son frère le nom de Buchmann était devenu un nom défensif, tandis qu'entre ses mains au contraire, au moment d'engager une action, le nom de Buchmann prenait indéniablement des allures guerrières, offensives. C'est pourquoi il était Lenz, simplement, de même qu'il ne désignait son frère que par son seul prénom, en se refusant à y accoler leur patronyme.

Mais c'est précisément son frère, Albert, qui provoqua son changement d'attitude par rapport à la lettre que la femme sur le point de mourir lui avait remise à l'hôpital.

Lors d'une de ses rares visites, qui donnaient toujours lieu à quelque dissertation littéraire (ils étaient tous deux d'excellents lecteurs), et alors qu'il s'apprêtait, debout, à engager ces petits échanges insignifiants qui précèdent le moment de se dire au revoir, Albert vit la lettre, qui se trouvait encore sur le support au-dessus du buffet du séjour, et sur laquelle figuraient les noms de l'expéditeur et du destinataire.

Lenz expliqua :

– C'est la lettre d'une femme qui est en train de mourir à l'hôpital. Elle me l'a remise pour que je la poste. Il ne lui reste guère à vivre. Je n'ai pas réussi…

Albert fronça le sourcil, comme à chaque fois que l'on faisait allusion à une maladie. C'est qu'il était malade, lui aussi, et même s'il avait encore l'air de se trouver du côté de la puissance et non du côté de la mort, il avait déjà la sensation que les rapports de force ne tarderaient pas à s'inverser.

– Ce sont des moments difficiles, se contenta de déclarer Albert. Tout le monde tient à faire ses adieux.

– Tout le monde a le droit de faire ses adieux, rétorqua sèchement Lenz.

Nature et autre type de prière

4

Le lendemain, quand il vit la lettre, toujours au même endroit, encore que légèrement déplacée – peut-être de quelques millimètres vers l'arrière du buffet –, il la fixa d'une manière complètement différente. À présent, Lenz n'était plus distrait, il n'était plus plongé dans aucun raisonnement intérieur ni absorbé par aucune interrogation sur l'avenir. Lenz regarda la lettre, la vit nettement et se mit à réfléchir.

Que voulait cette femme ? Pourquoi l'avait-elle choisi, lui, pour poster la lettre ?

Il était médecin. Cette femme savait-elle qu'il n'y avait certainement aucune place dans les occupations et les devoirs d'un médecin, même dans leur acception la plus large, pour la fonction de facteur ? Pour qui se prenait-elle ? Les moribonds exigeaient tout d'autrui, tels de nouveaux rois, dans une espèce de monarchie intempestive instaurée non par la force, l'épée ou les gènes, mais en vertu de la qualité opposée : la faiblesse. Les actes de compassion ne sauraient instaurer des monarchies ou de nouveaux règnes, pensait Lenz, sinon la cité se ferait rapidement dévorer. La nature attend, au-dehors, mais conserve exactement la même force : elle a reculé, certes, mais elle n'a pas été faite prisonnière. Elle est ailleurs, à une autre étape de la bataille, et elle aiguise ses lames ; elle ne prie pas, elle ne supplie pas, elle ne demande pas la clémence.

Elle ne prie pas, elle aiguise ses lames.

Le Royaume

5

Pour Lenz, la lettre, cette lettre, là devant lui, devenait insupportable : le symptôme d'une faiblesse de l'humanité qui n'allait pas sans conséquence. C'était un élément qui, s'il était mis en circulation, partirait d'un point élevé, roulerait sous l'effet de la gravité, et les effets provoqués par cet élément nouveau lancé à grande vitesse dans le monde ne tarderaient pas à se faire sentir.

Cette lettre était un virus faible, un message que les vainqueurs conserveraient et désigneraient, plus tard, comme un des signes avant-coureurs de la chute. Les châteaux commençaient à tomber en ruine, les Royaumes perdaient de leur vigueur et les rois devenaient si nombreux qu'on finissait par les confondre avec des serviteurs.

La décadence du Royaume humain tenait dans cette lettre. Lenz avait fini par le comprendre.

Et c'était son frère, malade lui aussi, quelqu'un qui n'escalade plus la montagne avec des stratèges – il les observait, les craignait –, c'était son frère qui, sans le vouloir, lui avait ouvert les yeux. La compassion manifestée par son frère devant cette lettre – témoignage de l'alliance entre deux faibles – rendait évidentes les dispositions que Lenz se devait de prendre. Le Dr Lenz, chirurgien réputé de la ville, maître absolu de ses plaisirs privés, adepte des menues humiliations infligées aux prostituées, et qui avait récemment contracté l'habitude de recevoir un clochard à domicile, de lui distribuer de généreuses aumônes, de lui donner du pain, de la nourriture, et surtout de l'humilier, de le faire attendre pour l'aumône, la nourriture, jouissait du plaisir d'être du côté des forts et d'avoir deux yeux sains et pénétrants pour voir ce que la clarté du monde révélait : sa rudesse, sa violence et la différence entre celui qui est en bonne santé et celui qui ne l'est pas, celui qui a de l'argent et celui qui n'en a pas, celui qui est vieux et celui qui ne l'est pas, celui qui est laid ou handicapé et celui qui ne l'est pas, celui qui porte sur le visage des séquelles d'accidents, des brûlures, des entailles qui mettent à mal une beauté moyenne et celui qui, au contraire, ne souffre de rien qui entacherait sa fierté, sa fierté extérieure, physique, la seule monnaie commune à tous les siècles, à tous les pays, à toutes les langues. C'était cela que les yeux sains et pénétrants de Lenz voyaient, c'était cela que la clarté du monde lui révélait.

Cette lettre, décidément, ne relevait pas de son monde, de sa physique, de sa science, elle n'appartenait pas au monde de ses machines aux effets stupéfiants, des techniques médicales toujours plus modernes, des trains à grande vitesse, elle n'appartenait même pas au monde plus fier des animaux, au monde des chevaux vigoureux.

Cette lettre était infantile, elle était d'un monde où l'on ne survit que parce que l'on a quelqu'un ou quelque chose de plus fort que soi offrant protection.

Elle appartenait au monde de l'enfance, c'était exactement cela, et Lenz, le chirurgien, s'était vu demander de jouer le rôle du protecteur. Le rôle de l'homme qui, par compassion ou par empathie, prend la lettre, l'affranchit et la poste, pour rendre service ; qui accomplit, modestement, le geste de rattraper par la main celui qui s'apprêtait à chuter.

Cependant, Lenz répugnait à voir sa main utilisée pour de tels actes, qui outrepassaient ses compétences, les limites de sa profession, de ses devoirs de médecin.

C'était un autre devoir qui lui incombait. Son côté à lui, le côté vers lequel il avançait en pointant sa lame, était différent : c'était le côté opposé de celui de cette lettre.

Lenz allait dans une autre direction. Plus encore : c'était contre cette lettre qu'il vivait et c'était contre elle qu'il entendait continuer à être vivant.

Lenz savait qu'il n'avait qu'un seul geste à faire et c'était son frère qui avait joué le rôle de messager. Un messager stupide, ignorant, qui avait parcouru des milliers de kilomètres et affronté une multitude de dangers pour remettre à l'autre bout du monde un message que lui-même ne comprenait pas, un message qui en réalité disait le contraire de ce qu'il voulait dire. Lenz avait reçu ce message et lui, en revanche, l'avait bien compris.

Et il accomplit alors ce qu'il savait devoir accomplir. Ce qu'il considérait non pas comme un geste de circonstance, mais comme un geste qui marquait le respect de l'un de ses devoirs les plus impérieux, un geste qui appartenait à son Royaume le plus profond, le Royaume auquel il avait juré fidélité, le Royaume de celui qui attaque et qui sait que des éléments se préparent à l'attaquer.

Lenz se saisit de la lettre et la déchira, une fois, deux fois, trois fois : la lettre était détruite.

Moments décisifs

La femme meurt mais, avant, formule une demande

1

Chez le frère de Lenz, Albert, la maladie était devenue, en peu de temps, d'une arrogance extrême : elle avait progressé tel un cheval de course qui, en seconde position, près du but, sent qu'il peut encore l'emporter ; un animal qui, en l'occurrence, n'obéissait pas à la volonté humaine.

En deux mois, la maladie avait vu ses responsabilités s'accroître sensiblement à l'intérieur du corps : elle avait déjà pris le contrôle de plusieurs fonctions, envahi divers organes où elle avait établi des campements militaires ; les cellules, désormais, réorganisaient nombre de leurs mouvements en tenant compte des ordres de la maladie et non pas du citoyen tombé malade comme on tombe de sa hauteur. Albert était en train de mourir et son frère cadet, le Dr Lenz, venait d'entrer dans la chambre où l'hôpital conserve les corps dans ce bref intervalle qui les conduit de l'état de moribond en phase terminale à l'autre grand état de la matière, dont on sait peu de choses et dont on parle comme d'un mystère.

Lenz connaissait bien ces moments cruciaux où la possibilité de mourir commence à annuler les autres hypothèses. D'ailleurs, Lenz venait d'assister à l'un de ces moments : la femme qui avait écrit la lettre pour ses enfants – lettre qui n'était jamais arrivée à destination puisqu'elle avait été réduite à l'état de détritus quelques jours auparavant –, cette femme qui avait passé ses dernières heures à attendre une réponse ou un autre geste plus explicite de la part de ses enfants – une visite surprise, un cadeau, un signe quelconque témoignant d'un effort pour toucher ce qui bientôt ne pourrait plus l'être –, cette femme, cette malade du Dr Lenz, venait de mourir à l'hôpital. Et c'était à Lenz, en tant que médecin chargé de son suivi durant la phase terminale de sa déchéance, dans le respect le plus strict de ses obligations professionnelles, qu'il était revenu de clore le cycle des faits à enregistrer dans l'existence de cette femme.

Et le dernier fait, presque insignifiant, avait anticipé d'une certaine manière la passivité monstrueuse qu'affiche le cadavre. La femme avait demandé au Dr Lenz : *s'il vous plaît, fermez-moi les yeux*. Et quand Lenz les avait fermés, de sa main droite, la mort était alors venue ou la dame était morte.

Le dernier Buchmann

2

Voilà que le Dr Lenz se trouvait confronté à un autre moment crucial, à un second moment crucial : son frère Albert était en train de mourir.

Il y avait, à cet instant, un télescopage qui lui répugnait et, en même temps, la sensation d'une continuité entre le moment précédent où dans son hôpital il avait vu mourir un corps, qui appartenait à son monde professionnel, le corps de cette femme, une malade, dont il avait essayé, au moyen de toutes les techniques à sa disposition, de soulager la souffrance, et le moment présent, où le corps sur lequel le temps faisait pression (à la vérité, le temps, il le sentait, était fait d'une masse capable de se déplacer et d'exercer une force physique) n'était plus seulement un objet soumis à son office, mais un corps avec son sang, le corps de son frère : l'autre monde de matière que leurs parents avaient déposé sur la Terre certainement avec l'espoir absurde qu'ils assureraient leur perpétuation.

En fait, Albert ne s'était pas marié et n'avait pas eu d'enfants. Pour Lenz, faire des enfants revenait également à dissiper vainement son énergie, c'était une façon ingénue de baisser le fusil. Dans le fond, les enfants étaient des projets d'amour envoyés en première ligne, promis à la destruction ; les plus fragiles sont ceux qui savent le moins bien se cacher.

Indiquons que sa femme, Maria Buchmann, s'était faite depuis des années à cette décision – selon les termes de Lenz – *de tarir la production de faibles. Je ne veux pas qu'un médecin de la prochaine génération ait à sauver la vie d'un enfant portant mon nom.*

Au sein d'une famille, Lenz le sentait dans sa chair, il se formait un vaste système de hiérarchies, de protections et de compassions qui reproduisait, parfois même avec une intensité accrue, les relations de pouvoir qui se nouaient dans un Royaume.

Mais, pour ce qui le concernait, le règne prendrait fin avec lui.

Les funérailles d'Albert Buchmann

Un mécanisme qui fonctionne

1

Albert avançait désormais, par des moyens qui n'étaient plus les siens propres : quatre valeureux militaires portaient le lourd cercueil où les symboles du pays et du Parti se mêlaient, pour certains d'une manière inacceptable, aux fleurs que parents et amis avaient tenu à apporter.

Lenz et sa femme, à la tenue discrète, dont le noir anticipait les sanglots, se tenaient droits, avec une extraordinaire retenue qui semblait avoir été imposée à chaque personne présente, comme si une consigne avait été transmise de la main à la main pour définir les gestes admissibles, étrange épidémie qui faisait que certains des hommes les plus actifs de la ville semblaient finalement insignifiants, gagnés par une paresse physique qui les plaçait en situation d'attente, comme si c'était du mort que l'on espérait de grandes actions.

Cependant, le cadavre d'Albert Buchmann n'était plus apte à entreprendre de grandes actions et s'il y avait une certaine activité, c'était à l'extérieur du cimetière. Parfois un cri sautait par-dessus le mur et interpellait les messieurs actifs qui continuaient de feindre une faiblesse respectueuse. C'étaient des cris d'enfants qui, non encore dotés des organes capables de comprendre les grands événements, ne changeaient rien à leur comportement, quel que fût le tumulte qui gagnait la ville.

On présenta une suite considérable de condoléances à Lenz, ainsi qu'à son épouse. Elle n'avait jamais supporté son beau-frère Albert, qu'elle avait toujours considéré comme incapable de « grands desseins », mais à présent elle recevait avidement chacune des paroles de réconfort prodiguées par les habitants de la ville. Tous auraient juré que cette femme estimait son beau-frère Albert, en la voyant si affectée ; arriva le moment où la file condoléante dut même faire une pause, car Lenz se vit contraint d'accorder de l'attention à son épouse qui pleurait abondamment.

Précisons qu'il n'y avait pas dans ces sanglots la moindre fausseté : la femme de Lenz était sincère et n'avait aucune arrière-pensée. Ce qu'ils révélaient, en revanche, c'était l'efficacité impressionnante de ce mécanisme que l'on appelle enterrement. Chaque personne qui pleurait, et certaines avaient été vues la tête baissée, pleurait non pour le défunt, mais en raison du bruit que libéraient les rouages de ce mécanisme. Il y avait, tant dans le discours religieux que dans les gestes quasi universels des soldats laissant descendre le cercueil en terre, une fixation en un point qui était commun à tous et non plus individuel. Ce point qui unissait la communauté des personnes présentes, c'était le sentiment que chacun pouvait, dès le lendemain, être le mort que les autres respecteraient. On pleurait ensemble à cause de l'échec de la cité : on n'avait pas encore trouvé l'antidote contre ce bruit qui semblait être libéré à chaque enterrement. Chaque homme revendiquait la fin de la mort – et de son système de fonctionnement – avant que ce fût son tour. Et à chaque enterrement, les adieux du défunt étaient également le rappel d'un échec commun, et même d'un échec de la référence majeure des humains : leur culture, leur façon de raisonner qui avaient construit un nouveau monde et avaient presque transformé le danger, en temps de paix, en une énergie anormale, littéralement extraordinaire. En effet, dans les cités sans guerre, le danger s'était fait rare, mais la mort, elle, restait omniprésente ; il semblait impossible à l'homme d'en maîtriser le prix : ce dernier restait bas, accessible, comme celui de n'importe quel produit insignifiant. La mort, chaque mort individuelle, apportait la preuve de l'échec économique, technique et culturel des villes.

C'est pourquoi on pleurait à l'enterrement d'Albert Buchmann, comme à n'importe quel autre, non en raison de la faillite individuelle d'un corps, mais en raison de la continuation de la faillite de la communauté des hommes et de leur principal projet : l'immortalité.

Ce que l'on peut découvrir du coin de l'œil

2

Mais une transformation importante s'était opérée dans l'esprit de Lenz pendant les funérailles de son frère. Et cette transformation en profondeur s'expliquait par un ensemble de faits, imperceptibles et apparemment sans aucune épaisseur lorsque analysés un à un, mais qui dans sa tête et dans sa volonté s'étaient rejoints et avaient soudainement ouvert une brèche dans un mur jusqu'alors intact.

Il arriva un moment où le plus intéressant pour Lenz consista à observer, du coin de l'œil, alors que les obsèques touchaient à leur fin et que certains commençaient déjà à partir, la manière dont les gens s'adressaient au premier édile de la ville qui était venu assister à cette cérémonie funèbre par courtoisie.

Tout en recevant encore quelques condoléances, Lenz remarqua que les gens s'approchaient de ce représentant du pouvoir d'une manière tout à fait particulière. Lenz voyait à présent nombre de ceux qui étaient venus lui présenter leurs condoléances avec une mine affligée, des gestes délicats et des formules convenues répétées avec retenue, après quelques minutes seulement, voire quelques secondes, aller le saluer, lui, avec des manières bien plus énergiques et, pourquoi ne pas le dire, avec allégresse, après un changement extrêmement rapide, non pas de l'extérieur mais du cœur de l'organisme. Ces hommes avaient fait un bond comme en font les gazelles, un bond, en l'occurrence, dans leur apparence sentimentale, mais qui dans le fond révélait une habileté sociale qui n'avait rien de nouveau : Lenz connaissait les hommes.

Ce qui le fascinait, ce n'était donc pas la rapidité avec laquelle un citoyen passait de la tristesse à la flagornerie – même si elle était contrôlée afin d'être aussi efficace que possible –, ce qui fascinait Lenz, c'était cette façon collective d'aller saluer l'édile qu'avaient eue individuellement chacun de ces citoyens – complètement différente de la façon dont ils s'étaient approchés de lui. La différence n'était pas à chercher entre une tristesse feinte (provoquée par la mort de son frère) et une éventuelle admiration feinte (pour les qualités de l'élu), mais bien entre le fait qu'un homme se présente en tant qu'individu ou accepte d'être quelqu'un appartenant à un groupe. Les condoléances avaient été présentées par des individus et ces mêmes individus, quelques mètres plus loin, saluaient le pouvoir en soldats, tels des éléments humains qui se répètent et s'annulent au milieu d'une masse. Dans le court trajet entre son frère, la belle-sœur du défunt et le représentant du pouvoir, ces gens avaient perdu leur nom, comme on perd un bout de papier qu'on avait dans la poche, et au moment de parler, de l'autre côté, ils ne semblaient plus capables que d'une seule chose : répéter à voix haute le nom du pays, de la ville et de leurs plus hauts dignitaires.

Lenz n'avait jamais été salué de cette façon, qu'il continuait d'admirer à distance. Même en des circonstances différentes, il avait toujours été salué d'homme à homme. Même les mères dont il avait sauvé les enfants le saluaient en tant qu'homme – en l'occurrence, en tant que médecin aux capacités exceptionnelles. Jamais on ne s'était adressé à lui comme s'il avait été un pays ou une ville.

Changement fondamental d'état d'esprit

3

Du reste, l'idée selon laquelle il était impossible de donner une poignée de main à une ville, puisque sa constitution matérielle est multiple, quasi infinie et donc incontrôlable, cette idée s'était complètement effondrée lors de l'enterrement de son frère. Ce que Lenz avait vu à la sortie du cimetière, c'était une file d'hommes camouflant la médiocrité que révèle le fait d'*être dans une file* derrière de vaines conversations ne visant qu'à faire passer le temps jusqu'à ce que leur tour arrive. Ce que Lenz avait vu, c'était un ensemble d'hommes dépourvus de nom individuel qui serraient de leurs doigts osseux, encore couverts de chair et de peau, d'autres doigts qui, bien qu'apparemment dotés de la même anatomie, se terminaient au centre d'une ville ; le peuple donnait une poignée de main à la ville, puis s'éloignait, absolument rassasié, comme s'il venait de manger, de satisfaire un besoin organique. C'est d'ailleurs cela qui surprit le plus Lenz : les hommes qui venaient de saluer le plus haut représentant du pouvoir s'éloignaient de la même manière qu'il avait si souvent vu s'éloigner « son » clochard après lui avoir donné à manger. Ce qu'il avait vu chez ces hommes serviles ou tout simplement pleutres, c'était une évidente satisfaction qui se répandait depuis l'extérieur, depuis le visage, jusqu'à la dernière cellule à l'intérieur de leur corps. Ils se retiraient rassasiés par une poignée de main, à l'instar de son clochard qui se retirait dès qu'il était parvenu à faire disparaître (à oublier) son estomac grâce à la nourriture reçue, avec en plus quelque argent dans les poches.

De quoi s'agissait-il, qu'arrivait-il aux hommes ? Non pas seulement au raisonnement des hommes, mais à leur organisme, à leurs instincts, à ce que la tête ne peut complètement contrôler ?

Lenz ne parvint pas à cerner complètement ce phénomène quasi magique mais, alors que l'espace autour de la tombe d'Albert s'était déjà vidé, il prit une décision : il entrerait au Parti et se battrait pour en conquérir l'une des positions les plus élevées.

D'une certaine manière, la voie était libre : son unique frère était mort. Lenz pouvait enfin prétendre à l'usage exclusif du nom qui désignait publiquement le sang fort qui avait présidé à sa naissance. Lenz Buchmann était prêt à entamer une nouvelle vie en même temps qu'il tirait fierté de la renaissance de son patronyme.

C'est alors qu'à l'extérieur il s'appliqua par des gestes autonomes à retirer la boue qui s'était collée à ses chaussures, en les frottant l'une contre l'autre avec des mouvements précis, voire des mouvements de spécialiste. Au même instant, mais de l'autre côté, dans son monde intérieur, Lenz prit la décision d'abandonner complètement la médecine – il n'avait plus rien à conquérir dans ce domaine – et d'entrer dans le monde de la politique, dans le « monde des grands événements et des grandes maladies ». Il était las d'avoir à traiter avec des hommes individuels et d'être lui-même un homme individuel ; ce n'était pas une échelle qui lui convenait ; il voulait opérer la maladie d'une ville entière et non d'un seul être vivant insignifiant. Pardessus tout, il voulait ressentir *le plaisir de donner cette nourriture étrange* que le pouvoir distribuait à ses soldats et à ses employés, cette nourriture qui recelait une énergie presque magique, qui rassasiait les estomacs du peuple non pas matériellement, mais avec tout autant d'efficacité.

Du pain et de la peur, dit Lenz à voix haute, spontanément, rompant ainsi une longue période de silence. Cette phrase prit son épouse par surprise qui, depuis quelques instants, s'efforçait elle aussi, au milieu du cimetière redevenu désert, d'ôter la boue de ses chaussures.

– Qu'est-ce que tu dis, Lenz ? demanda Maria Buchmann.

– Rien, répondit Lenz. Je pensais à mon frère.

Quelques épisodes concernant la famille Buchmann

Comment Lenz grandit et devint fort

1

Avant tout, la fascination pour la nature en furie, le plaisir d'observer les grandes tempêtes surgies sans crier gare, renversant bientôt le système organisé de la journée et de l'espace.

En outre, chez le chef de famille, le père de Lenz et d'Albert, Frederich Buchmann, l'absence de ces contractions musculaires – bien souvent invisibles – que dans leur ensemble nous désignons sous le nom de peur.

– Dans cette maison, la peur est illégale.

C'était l'un des leitmotive de Frederich Buchmann. Ajoutons que cette phrase fut déterminante pour Lenz – son père savait combien il importait de ne pas faire preuve d'inconséquence.

Frederich punissait les manifestations de peur de ses deux fils en les enfermant à clé dans une pièce de la maison, la « prison », dont il avait obturé les fenêtres et qui ne contenait aucun meuble ni objet.

En de rares occasions (mais qui le marquèrent durablement), Lenz fut jeté en « prison » pour avoir commis l'*illégalité* d'afficher sa peur. Son frère Albert, en revanche, était constamment enfermé dans cet espace où se trouvait suspendue toute possibilité de jeu, en attaque comme en défense. C'était un espace absolument neutre, où la portée des gestes était annulée : tout mouvement devenait inutile et presque ridicule. Les murs n'étaient pas des surfaces stimulantes pour un humain et l'étaient moins encore si cet humain était un enfant. C'était un espace qui écrasait l'enfance – une masse énorme qui en écrasait une autre bien moins robuste. Il était impossible dans cet espace d'agir ou même de penser en conformité avec son âge.

Les périodes d'« incarcération » étaient brèves. Parfois, elles ne dépassaient pas vingt minutes et ce n'était que dans les pires moments qu'elles se prolongeaient durant plusieurs heures. Mais cette pièce *sans gestes* (ainsi la désignait Frederich) était le symbole par excellence de ce qui faisait l'essence de l'action pédagogique de Frederich Buchmann.

Pour la famille Buchmann, ce qui perturbait le plus le développement de la personnalité, c'était la peur. Frederich Buchmann disait :

– On pourra formuler à votre encontre n'importe quelle accusation ; vous pourrez vous rendre coupables de la pire des immoralités, être recherchés par la police ou par le diable en personne : je défendrai mes fils avec les armes dont je disposerai. Je ne me sentirai honteux que si un jour quelqu'un me rapporte que vous avez eu peur. Si cela devait se produire, inutile de chercher refuge ici : vous trouverez la porte close.

C'est dans cette atmosphère que Lenz grandit et apprit à vivre. C'est ainsi qu'il se prépara, mûrit, développa ses forces.

Il n'y a pas d'ordre dans la nature

2

Les deux frères avaient des caractères opposés : ils étaient tous deux d'une intelligence hors du commun et d'un niveau de culture largement au-dessus de la moyenne grâce à la robuste bibliothèque du père, lequel avait encouragé leur goût pour la lecture. Malgré tout, Lenz et Albert appartenaient bien à deux mondes différents. Lenz allait au combat, plus encore : il cherchait le combat – comme son père, du reste –, quand Albert, en héritier de certains penchants de sa mère, préférait se replier ou contourner l'ennemi. Et il le contournait qu'il s'agisse d'un obstacle matériel dangereux – un mur trop haut pour sauter par-dessus – ou d'un camarade d'école qui l'avait provoqué. Lenz se retrouvait parfois à se bagarrer au nom de son frère aîné, poussé par des sentiments mêlés où entraient de la solidarité fraternelle et, en plus grande part, une attirance physique et instinctive pour l'affrontement.

Par ailleurs, cette prédilection du père pour les moments où la nature change très rapidement s'était elle aussi transmise à son seul fils cadet, Lenz. Frederich avait tâché, dans le cadre de l'éducation de ses enfants, de montrer comme la nature était, au cours des journées normales, une machine lente, une machine qui ressemblait à n'importe quelle autre machine inventée par l'homme et qui paraissait attendre que celui-ci en actionne les leviers. Frederich désignait le jardin et son jardinier, entré depuis longtemps dans une phase de déchéance physique, et expliquait à ses fils qu'on avait bien là un exemple de ce qu'était la nature en temps de paix : même un vieillard, analphabète, avec peu de forces dans les bras, et incapable de prononcer une phrase sensée, même un tel homme, un *homme secondaire*, parvenait à contrôler ce jardin, cette autre machine, cette machine verte.

Mais très tôt, Frederich avait attiré l'attention de ses fils sur un autre moment de la nature, sur le moment où la nature devient guerrière. « Ce n'est qu'alors qu'il vaut la peine de prendre des photos », disait-il. Dans ces moments – lors d'une tempête, par exemple – où les changements rapides remplacent le changement lent, est mise au jour l'incompatibilité morale, pour ainsi dire, entre le système des hommes et le système de la nature. À la limite : ce qui est un crime d'un côté ne l'est pas de l'autre.

C'est pourquoi, soutenait Frederich, la nature avec laquelle on cohabite les jours normaux, les « jours faibles », est trompeuse.

Et la tromperie consiste en ceci : une journée ensoleillée, pacifique, on ouvre la fenêtre et on observe au-dehors ce qui ne résulte pas de l'intelligence de l'homme avec la même bienveillance qu'on observe un ensemble de tableaux accrochés aux murs d'un musée. L'erreur est précisément de voir la nature comme un musée qui s'agrandit. Un musée dont les pièces changeraient de position d'une manière presque imperceptible, sous l'effet, dirait-on, de la timidité ou simplement de la faiblesse de ces éléments. Les jours où ce qui n'est pas humain peut être décomposé en morceaux, comme une machine peut l'être en différentes parties, ces jours-là, lorsque l'homme peut s'enorgueillir d'essuyer ses chaussures sur le monde qui existait avant lui, la nature est réellement un musée.

Cependant, il arrive que les pièces du musée montrent qu'elles sont finalement les pièces d'une artillerie secrète et qu'elles n'ont fait qu'attendre le moment propice pour se réorganiser avec d'autres objectifs. Ainsi, subitement, ce qui semblait avoir été fait dans un but, la contemplation – les hommes ont besoin de cinéma et c'est comme si la nature était le film que Dieu avait choisi de projeter indéfiniment devant leurs yeux –, ce qui semblait pouvoir être appréhendé avec sérénité, au point d'installer des chaises pour contempler le lever et le coucher du soleil, la neige, ce qui enfin ressemblait seulement à un allié plus faible devient pour de brefs instants l'ennemi le plus fort.

Et cela parce que ces armes ne sont pas comprises : la tempête, qui projette à terre les arbres et les gens, dévore les maisons et les animaux domestiques ; la mer qui, illuminée par des mouvements qui appartiennent au domaine du déraisonnable, envoie par le fond les embarcations et leurs hommes ; ces bruits grotesques des éclairs, qui révèlent une profonde irritation, une opposition au calme et à la sécurité de la cité, dont les bâtiments équipés d'instruments de défense contre les cataclysmes deviennent ridicules lorsque les forces véritables de ce musée factice se libèrent. Tout cela donne la sensation que l'homme, à ce stade, plongé dans l'absurde, pourrait se saisir d'un marteau pour combattre le feu, non pas comme un fou, mais comme s'il était simplement incapable de tout raisonnement technique, incapable de comprendre le moins du monde le mécanisme des forces le prenant pour cible. En somme : les hommes qui se défendent ne comprennent rien à rien. D'où l'évidente position de fragilité face à la nature courroucée.

Pour quelle raison des choses si proches ne parviennent-elles pas à se parler ?

3

Dans ce petit État monarchique que constituait cette famille, Lenz était de loin le mieux qualifié pour recevoir la couronne, au moment de sa transmission. Du reste, Albert ne la désirait même pas.

Toutefois, Albert était l'aîné des Buchmann et l'âge était la marque d'autres forces guère explicables qui contrebalançaient les actes de l'existence de chacun.

Frederich éprouvait de la fierté en regardant Lenz, de la honte, voire de la répulsion en regardant Albert. Ce dernier avait hérité de sa mère une certaine prudence alliée à un esprit de sacrifice non frontal. Autrement dit, il était fait pour souffrir (et chez eux, personne n'avait peur de souffrir), mais il supportait cette souffrance en adoptant des positions défensives et non pas des positions offensives.

Le fait qu'Albert fût né avant son frère avait conduit Frederich à ne prendre aucune décision définitive concernant le passage de témoin : le moment de la naissance était l'expression d'une force universelle qui, restant incompréhensible dans toutes ses dimensions, imposait significativement le respect. S'il est arrivé le premier, c'est qu'il y a une raison, se disait parfois le chef de la famille Buchmann, en tentant de trouver des arguments pour la défense de son fils le plus précautionneux.

Mais s'agissant du comportement de l'un et de l'autre, Frederich Buchmann n'avait aucun doute :

– J'ai un chien et un loup, lançait-il directement à ses fils.

Et il n'allait pas jusqu'à le leur dire, mais il y pensait souvent lorsqu'il sentait qu'il ne serait plus capable de veiller très longtemps avec vigueur sur sa famille. Il pensait que ces deux personnalités compromettaient dès le départ la possibilité d'une alliance : le chien ne pourra pas protéger le loup parce qu'il n'en a pas la force, et le loup ne protégera jamais le chien parce que cela n'est pas dans sa nature.

Entrée au Parti

Premières réactions. Grand et petit monde

1

L'arrivée de Lenz Buchmann au sein du Parti fut accueillie avec surprise, laquelle céda immédiatement la place à un enthousiasme exprimé par plusieurs personnalités de la ville. Lenz était l'un de ses médecins les plus réputés et c'est précisément ce qui étonna : pourquoi quelqu'un au sommet de son art décide-t-il subitement d'abandonner ses fonctions ? Car le communiqué de presse était clair : « Lenz Buchmann déclare abandonner définitivement la profession de chirurgien pour se consacrer entièrement aux problèmes de la cité. » Une telle annonce alimenta d'innombrables conversations sur les trottoirs des rues principales, où Lenz veillait à présent à s'attarder, afin d'être vu. Il signait son retour dans la rue, comme s'il était resté prisonnier des années et des années dans des salles d'opérations, des pièces fermées et strictement surveillées au plan de l'hygiène, et qu'il sentait à présent un impérieux besoin d'air pur. Dans les bâtiments de l'hôpital, ce que l'on cherchait à purifier précisément, c'était l'*air vicié* qu'il y avait dans les rues, grâce à des procédés artificiels.

Mais voilà à présent que Lenz Buchmann respirait

avec un certain enchantement la fumée des machines, qui se répandait dans le ciel, et dans cette confrontation, ou dans cette déclaration d'amitié ambiguë entre les deux éléments, Lenz voyait également le ciel comme une fumée bleue, une couleur provoquée et non une couleur spontanée, puisqu'il lui était absolument impossible d'exclure dans l'autre partie – la nature – l'existence d'une force et d'une volonté.

Par ailleurs, Lenz était heureux de ce nouveau vocabulaire qu'il acquérait progressivement lors des réunions du Parti et dans ses conversations avec les citoyens « vigoureux ». Des citoyens qui le saluaient, qui louaient ses qualités de médecin et s'étonnaient de cette attitude de dévouement à l'égard de la cité : « il va certainement gagner la moitié de ce qu'il gagnait auparavant » ou « il ne va plus rien gagner », se répétait-on à voix basse ; et le répétaient également devant lui ceux qui voulaient déjà s'attirer ses faveurs. Certains, incrédules, doutaient même d'une telle décision : « il ne mettra pas longtemps à revenir à sa table d'opération », avant que d'autres ne leur rétorquent : « l'argent de la famille sera suffisant pour encore bien des générations », etc.

À ceux qui prédisaient son retour à la vie d'avant, étant donné qu'il n'existait pas dans le Parti la volonté de laisser entrer de nouvelles figures ni de nouvelles pensées, ou à ceux qui prévoyaient qu'il se fatiguerait rapidement dans les grands espaces et qu'il lui faudrait donc regagner le monde étroitement délimité de l'hôpital, Lenz répondait, d'un air amusé :

– Je me suis promis à moi-même de ne revenir à l'hôpital qu'en qualité de malade.

En entendant une telle réponse, tout le monde autour de lui éclatait de rire.

Nouvelle position dans le monde

Le nombre de personnes qui te reconnaissent lorsque tu traverses la rue

---

1

Lenz changea de vie. Pas complètement, certes, mais en quelques mois il devint évident qu'il entrait dans un autre système, qu'il abordait une autre science, différente de la science médicale où les confrontations étaient physiques et d'une certaine façon n'impliquaient que deux sujets : le médecin et le malade – c'est pourquoi il s'agissait de confrontations individuelles, exclusivistes. Lenz Buchmann, deux mois seulement après avoir abandonné la médecine, voyait déjà dans cette activité l'expression d'un égoïsme et, en même temps, d'une excessive humilité, car tout ce qu'il avait fait, d'une manière générale, il l'avait fait sans spectateurs ou, tout au plus, devant une poignée de spectateurs. Des spectateurs spécialisés au plan technique – ses collègues de travail ou des auxiliaires – ou au plan affectif, pour ainsi dire – les proches des malades qui assistaient parfois à des actes médicaux anodins. Ces spectateurs spécialisés constituaient effectivement, il le comprenait bien à présent, une population des plus réduites, une minorité. Deux mois après avoir commencé à participer à certaines des activités politiques du Parti, il était déjà connu de plus de monde qu'il ne l'avait jamais été en plus de quinze années de pratique de la médecine. Or, Lenz Buchmann était absolument convaincu d'avoir été un médecin extrêmement compétent et efficace, alors que, s'agissant de sa nouvelle activité politique, il se sentait encore en période d'apprentissage. Un néophyte, en somme, même si, au cours de ces quelques semaines, il s'était aperçu que son organisme réclamait depuis longtemps une telle activité, raison pour laquelle il sentait, jour après jour, qu'il n'était plus très loin de saisir quelque chose de ce flux constitué par les habitants de la ville, plus très loin d'attraper quelque chose comme on attrape un objet, objet qui ensuite, quand on le tient entre ses mains, devient une sorte de clé. Voilà ce qui lui semblait désormais à portée de main.

C'est qu'au milieu de cet apparent chaos de trafic humain et de décisions possibles, Lenz avait compris qu'il existait un point central dans ce qu'il appelait l'énergie de la domination. Dans le fond, c'était une question technique, exactement comme lorsque, dans sa vie précédente, il se trouvait en première ligne au bloc opératoire. Ainsi, de même que, pour une opération délicate, certains gestes préalables étaient indispensables pour que le geste décisif soit pleinement efficace – *il y a toujours une dernière petite touche qui fait qu'on sauve ou qu'on échoue*, avait l'habitude de dire Lenz –, il y avait dans cette opération collective, opération politique, dans cet acte (quasi monstrueux lorsqu'on pensait à ses dimensions) qui plaçait des milliers de personnes sous ce bistouri que constituait une simple décision politique, il y avait donc dans ces *opérations médicales* gigantesques une technique élémentaire qui, même si elle n'impliquait pas directement le salut ou la mort d'un organisme, touchait un endroit sensible : les points où résidaient chez l'homme la peur et l'admiration. Des points qui bien souvent – Lenz l'avait appris très tôt avec son père – se confondaient.

Le grand avantage de ce changement de système était certainement le nombre de personnes qu'il parvenait désormais à influencer – ou même à toucher, au sens physique, au sens du bistouri qui interfère dans le tissu. En effet, Lenz se sentait comme le militaire qui pose son pistolet – pistolet qui conserve une sorte d'efficacité circonscrite, effet unique d'une haine individuelle – et s'installe ensuite aux commandes d'un bombardier qui peut transformer en ruines, en une seule seconde, une ville entière et dix ou vingt siècles d'histoire.

Cette possibilité étonnante de réduire un grand espace et une grande période temporelle à un point noir, vide, la possibilité d'annihiler des siècles – des églises, par exemple, qui portaient des marques laissées par le Christ en personne, disait-on –, cette possibilité, donc, d'*annihiler du temps*, avait toujours fasciné Lenz (l'explosion détruisait de l'espace et, clairement, du temps), un peu par contagion à travers son père. Frederich, en effet, ayant été militaire, regrettait à la fin de sa vie de n'avoir pu donner des ordres que pour abattre les organismes ennemis un par un et de n'être pas né à une époque où un seul ordre eût suffi à brûler et à rayer de la carte de vastes zones géographiques. Auparavant, nous avions des armes qui atteignaient des organes ou tout au plus des familles ; à présent, nous avons des armes qui atteignent des pays, disait le militaire à la retraite Frederich, déplorant cette désynchronisation entre sa vigueur physique personnelle, sur le déclin en raison de sa vieillesse, et l'armement qui lui, au contraire, augmentait chaque jour sa portée et sa puissance.

La médecine et la guerre : deux façons d'utiliser sa main droite

2

Il faut dire que Lenz ne s'étonnait plus que ses pensées débouchent sur des images militaires. L'essentiel de son éducation avait été assuré par un militaire, son père, et il y avait toujours chez Lenz une adoration pour cette espèce d'excitation urgente que le combat faisait naître en chacun et que son père, Frederich, lui avait fait connaître à plusieurs reprises. Aucune femme, disait Frederich Buchmann, ne t'excitera autant que la possibilité de tuer un homme qui, pour une raison quelconque, t'inspire de la haine.

Du reste, Lenz Buchmann s'était orienté vers la médecine par hasard, à la suite d'une décision motivée par un accès d'optimisme et non par cette désolation vis-à-vis de l'être humain qui constituait la base de ses pensées et de son existence. Il était né et avait été éduqué pour tuer mais, par égarement intellectuel, il avait décidé d'exercer la médecine. Paradoxalement, il avait choisi de sauver les hommes un par un, puisqu'il eût été obscène, ou tout simplement inadéquat, d'en tuer un grand nombre au moment même où cette nécessité se trouvait suspendue, dans la mesure où le choix de sa profession avait coïncidé avec la fin de la guerre ; ou plus précisément avec une pause – dans quelques années seulement, la guerre allait reprendre.

Néanmoins, dans le fond, même pendant ces années où il avait exercé la médecine, Lenz avait été un militaire. Quelqu'un doté d'un sens aigu du devoir et qui allait au bout de ses décisions – il savait qu'une volonté, une fois mobilisée, devait s'appliquer à toutes choses jusqu'à la fin, sans jamais tergiverser ni lever le pied. Il savait qu'on ne peut changer au dernier moment l'orientation du bistouri ou d'une balle, car c'est ainsi que surviennent les erreurs, les grands ratages – cette faute non pas seulement technique, mais également morale, consistant à atteindre par maladresse son propre allié, par exemple.

La position éthique de Frederich Buchmann sur le sujet était tout aussi claire, et Lenz l'avait intégralement adoptée : *Qui tue un ami par accident, s'il a le sens de l'honneur, optera immédiatement pour le suicide. Mais s'il a tué cet ami délibérément, c'est qu'il a résolu de suivre le diable. Et s'il en est ainsi, il ne lui reste plus qu'à continuer sur cette voie.*

– Ne vous laissez pas abuser par la vitesse du trafic, avait dit une fois Frederich à ses deux fils, Lenz et Albert, avant de le répéter à de nombreuses reprises mais seulement à son fils loup, Lenz. La vitesse la plus importante, disait Frederich Buchmann, n'est pas celle de la machine dans laquelle nous sommes assis, mais celle à laquelle nous prenons nos décisions. Vitesse qui dépend exclusivement de l'organisme, du sang qui t'est transmis quand tu nais et des idées qui te sont transmises quand tu grandis. C'est celle-là, la véritable vitesse, disait Frederich, celle à laquelle tu décides. À côté de ça, la vitesse d'un avion n'est pas différente de celle d'un char à bœufs.

Un suicide que Lenz n'oubliera pas

3

À présent que son frère était mort, Lenz ne cessait de penser combien il était étrange qu'ils aient tous deux grandi en entendant les mêmes phrases, les mêmes idées et qu'ils soient devenus si différents. À l'origine de cette séparation entre *deux systèmes*, Lenz voyait l'influence déterminante du sang ; c'est pourquoi il ne pouvait s'empêcher d'accuser mentalement leur mère d'être responsable de la faiblesse d'Albert. C'est d'elle qu'il avait hérité cette manière de vivre sans commune mesure avec celle de leur père ou la sienne.

Maintenant que l'existence de son frère était arrivée à son terme, Lenz pouvait affirmer que ce n'était pas uniquement cette manière de vivre, cette civilité excessive, cette délicatesse hygiénique qui ne veut surtout pas déranger, ce n'était pas seulement cela que l'élément féminin de la famille avait transmis à Albert, c'était également la maladie, qui l'avait d'abord affaibli lentement, puis à une vitesse comparable à celle que permettent les technologies les plus récentes, avec un flux rapide d'informations entre la mort et ce qu'il restait de vie dans son organisme ; cette mort, cette façon de mourir semblable à la façon dont il avait vécu était, sans aucun doute, elle aussi féminine. Cette maladie venait du côté maternel et, qui plus est, elle avait été acceptée sans combat – du moins, d'après ce que Lenz avait pu observer.

Le médecin Lenz avait déclaré bien souvent à ses interlocuteurs que tout malade devait non seulement se défendre contre la maladie, mais l'attaquer, exactement de la même manière que lui, le médecin, l'attaquait, l'arme au poing : pour lui trancher la tête. Et c'était cet instinct du soldat qui veut gagner du terrain, et pas seulement conserver ce qu'il a déjà conquis, qu'il n'avait jamais vu chez Albert dans les derniers moments de sa vie, lorsque les effets les plus visibles de la maladie avaient commencé d'apparaître.

Albert avait cherché un abri sur un terrain qu'il connaissait déjà quand il aurait dû le faire au cœur de la cité ennemie, en plein milieu du camp adverse, si possible à quelques centaines de mètres du général qui élabore la meilleure stratégie possible pour nous éradiquer. Il nous faut certes trouver une cachette, mais avec l'objectif d'ajuster le tir sur la tête de ce général.

Le manque de discipline mentale et physique de son frère, la manière dont il avait continué de réduire ses actions au minimum, semblant ainsi retourner à un état de plus en plus informe – état de l'individu pas encore né –, la manière dont il avait accepté la progression de la maladie, comme s'il respectait, sans formuler la moindre objection, une nouvelle légalité imposée à l'intérieur depuis l'extérieur, comme si les autres s'étaient rendus maîtres de sa destinée, tout cela avait choqué Lenz.

Être malade, avait-il toujours pensé, n'était pas une manière courageuse de mourir, et son intervention en tant que médecin, en opérant et parfois en sauvant des gens d'extrême justesse, constituait dans le fond une tentative de redonner à ces organismes un peu de dignité. *Un homme fort ne se laisse pas mourir sous l'effet de l'activité de quelques cellules*, disait Frederich à son fils Lenz – et des années plus tard, le médecin Lenz dirait de même à ses malades. *Par le plomb*, disait Frederich à ses deux fils, *un Buchmann meurt par le plomb*.

Son père, comme toujours, avait obéi à cet ordre qu'il s'était d'une certaine manière donné à lui-même. Ordre qui devait plus tard se révéler d'une importance capitale dans la vie de son fils Lenz.

Frederich Buchmann, deux jours après avoir fêté ses cinquante-huit ans, alors qu'il commençait à décliner physiquement, s'était suicidé d'une balle dans la tête.

Un épisode comme celui-ci, aucun fils, aussi fort soit-il, ne saurait l'oublier.

Positions dans le monde (inventaire)

Ordre et argent dans la poche

1

Pour Lenz, Albert avait quitté la vie comme « un gamin » ou comme « une pucelle ». Et ce manque absolu d'élégance, cette espèce de dévalorisation de la monnaie la plus prisée de la famille – l'honneur et le courage –, firent que Lenz n'eut pas le moindre scrupule à s'approprier rapidement l'ensemble des biens de son frère. La maison d'Albert Buchmann – à compter de sa mort, Lenz chercha à faire en sorte que l'on ne désignât plus son frère que par son seul prénom, en brisant le lien avec le nom de famille, dans ce qui ne devait apparaître que comme une négligence –, cette maison avait été vendue en moins de six mois. Pour certains terrains, en revanche, il avait préféré leur laisser le temps de prendre encore de la valeur : il fallait attendre que « le vent tourne », comme disait Lenz, pour qui les hausses et les baisses monétaires, les crises et les embellies économiques étaient associées à un ensemble d'éléments plus ou moins aléatoires, échappant au contrôle de l'homme, mécanismes mystérieux qui s'apparentaient ainsi par leur caractère imprévisible aux variations climatiques.

S'agissant de la distribution et de l'exploitation des

richesses, la ville semblait dépendre d'une volonté extérieure. Dans le fond, on avait l'impression qu'après de grandes avancées, après de fantastiques inventions techniques, l'homme continuait de dépendre du fait que l'arbre donnerait ou ne donnerait pas de fruits, alors même qu'il n'y avait déjà plus d'arbres et que les fruits n'étaient plus cueillis ou ramassés à terre, mais seulement négociés. Où était donc le nouvel arbre ? Et quel était cet arbre qui faisait que, tout à coup, les prix montaient et que la faim s'installait en plusieurs endroits du pays, pour ensuite, après quelques années, commencer sans justification à donner des fruits à ne plus savoir qu'en faire ?

D'une certaine manière, son entrée au Parti et son rapprochement des espaces et des instants décisifs pour le pays s'expliquaient également par cette faculté sensorielle, tout à la fois érotique et militaire, que constituait chez Lenz la curiosité. Lenz voulait savoir si, en se trouvant plus près de ceux qui prenaient les décisions affectant la population, il parviendrait à comprendre, comme quelqu'un qui placerait la dernière pièce d'un puzzle, la logique des fluctuations de la richesse. Peut-être que ce qu'il interprétait, dans sa vie pratique d'avant (vie individuelle et menée face à des individus, une *vie du un pour un*, selon sa propre désignation), comme une situation anarchique, désordonnée, dépourvue de la coordination qu'aurait pu assurer un général – pour régir les fluctuations économiques et militaires de la société – obéissait finalement à un chef incontestable, avec un point de départ défini, une vitesse et un rythme mécaniques, susceptibles d'être adaptés et reproduits. Dans cette position du *un pour beaucoup*, qui était la nouvelle position de combat qu'avait conquise Lenz Buchmann grâce à son entrée résolue dans le Parti, peut-être parviendrait-il à déceler une logique, des causes et des fondements là où il semblait n'y avoir auparavant qu'un pur chaos.

C'était un désir secondaire en comparaison avec l'obsession exercée par cette énergie émanant du pouvoir qui l'avait fasciné lors de l'enterrement de son frère, mais cela n'en faisait pas moins partie de ses objectifs : comprendre jusqu'à quel point les substances entrant dans la composition du pouvoir politique influençaient le parcours et la vitesse de circulation de l'argent. Il voulait confirmer ce que son père lui avait appris : *l'ordre donné par le général détermine la quantité d'argent que le fils du soldat aura un jour dans sa poche.*

Cette phrase n'avait cessé de fasciner Lenz, l'adolescent puis le médecin. À présent, il était temps pour un éminent politicien comme Lenz Buchmann de chercher à en comprendre les fondements. Mais, cela a été dit, c'était une recherche, disons, secondaire ; si son père l'avait affirmé, il n'avait aucune raison d'en douter.

Car il faut dire ici que Lenz avait toujours considéré de simples idées de son père sur le monde comme des déclarations définitives, voire comme des ordres. Et Lenz aurait été plus enclin à déplacer le monde pour qu'il soit dans la position exacte indiquée par son père qu'à dire de ce dernier qu'il s'était trompé. Il savait bien quel sens avait un ordre. Un ordre peut avoir des conséquences positives ou négatives, mais cette question ne se pose que plus tard ; ce qui importe, c'est l'énergie principale. Un ordre est simplement une phrase à laquelle il s'agit d'obéir, un bout de langage ; et qui le reçoit doit, au péril de sa vie si nécessaire, lui donner une existence dans la réalité. Un ordre exprime la volonté de celui qui en sait plus et, ainsi, à un commandement doit donc correspondre un ensemble de mouvements visant à ce que le monde confirme la vision pénétrante de celui qui l'a émis. Chaque fois que l'on obéit intégralement à un ordre, la hiérarchie en place est confirmée et le cœur s'en trouve tranquillisé.

Ne jamais être aussi proche

2

Étant donné ses capacités intellectuelles – la souplesse de sa pensée contrastait avec le monopole de certaines idées qui dominaient la plupart des esprits de ceux qui étaient désormais ses pairs –, Lenz Buchmann progressa rapidement dans la hiérarchie du Parti. Lenz Buchmann, toujours ainsi : le patronyme était devenu une exigence du prénom ; le vocable Lenz avait gagné en appétit – spectateur désirant avoir quelqu'un d'assis à ses côtés afin de contempler le monde en bonne compagnie. Poste de vigie qui, accolé au nom de famille, avait acquis une importance nouvelle.

Ainsi, Lenz engrangeait rapidement de nouveaux savoirs. Des savoirs ne relevant pas d'une nouvelle mathématique ou d'une nouvelle physique, mais de cette vieille science portant sur ce qui unit et sépare les hommes. Les alliances et les déclarations de guerre étaient certes amputées de leur virilité finale, mais continuaient, dans leur essence, de marquer l'ensemble des relations humaines au sein du Parti. Lenz avait l'habitude d'appréhender seul les circonstances dans lesquelles certaines cellules se vengeaient par rapport à un corps. Mais il avait à présent « bien plus de monde à ses côtés ». Son équipe médicale pour les opérations les plus compliquées n'avait jamais compté plus de sept personnes, alors qu'il participait maintenant à des réunions où ses déclarations étaient écoutées par des dizaines de collègues du Parti. Ces rassemblements politiques révélaient une espèce d'énergie magnétique qui circulait – ou non – au sein d'un groupe et en catalysait tous les éléments constitutifs.

Ce sentiment de communauté était l'une des particularités de cette nouvelle phase dans laquelle Lenz venait d'entrer. Les présupposés n'avaient nullement été discutés ; autrement dit, des hommes dont le sang était si différent, descendant de familles qui jamais ne s'étaient croisées, ni au lit ni lors des proclamations solennelles de reddition ou de victoire, se trouvaient à présent côte à côte et semblaient finalement avoir combattu durant des siècles dans la même armée.

Cette illusion – car c'en était bien une – n'abusait pas Lenz. Même lors des réunions au cours desquelles le paysage semblait gagner une physionomie unique et le besoin d'union entre les hommes s'approchait de la limite à partir de laquelle seul l'amour physique peut rassasier, Lenz se tenait en deux endroits à la fois : il était en bas, en train de fourbir ses armes à l'unisson avec les autres, et, simultanément, il se tenait au-dessus, à son poste de vigie, poste secret, caché, et, pourquoi ne pas le dire, cette position disait bien sa trahison, puisqu'il épiait non pas le camp ennemi, mais celui de ses propres alliés.

Non sans conséquence, Lenz Buchmann avait entendu son père raconter quantité d'histoires impliquant deux soldats, ou un soldat et un officier, dans lesquelles l'un des deux profitait d'instants et de circonstances où ils se trouvaient seuls, complètement isolés du reste des troupes, pour se venger d'une balle dans le dos, évoquant ensuite une prétendue embuscade dans laquelle, par malheur, l'autre était tombé. En écoutant son père lui raconter ces histoires, Lenz avait eu l'intuition de quelque chose d'important : l'homme était un, non pas deux, non pas trois, non pas vingt : un. Et rien, à aucun moment, n'effacerait cette singularité.

Lorsque l'on tuait quelqu'un de sa propre armée, pour un motif purement individuel, il devenait visible que l'on haïssait bien moins l'ennemi de son pays ou de ses idées qu'un ennemi personnel. La haine personnelle avait une puissance inégalable.

Une confession qui aura d'innombrables conséquences

3

C'est ainsi qu'une fois Frederich Buchmann avait relaté un épisode le concernant au premier chef, alors qu'il était rare qu'il évoquât un détail concret de sa participation à la guerre. Il ne l'avait raconté qu'à son fils Lenz et lorsque celui-ci avait déjà atteint l'âge adulte, un jour qu'ils se promenaient tous deux à travers la ville. Ce n'avait pas été une confession, mais un récit neutre, et lui-même, Frederich, semblait n'avoir été que le simple témoin d'un accident de la route, comme si sa responsabilité n'avait nullement été engagée, comme si l'affaire n'avait eu sur lui aucun impact émotionnel : son père avait raconté à Lenz qu'il avait tué un soldat de son armée.

– De ma propre main, j'ai réduit les effectifs de mon régiment. Telle était l'expression qu'il avait utilisée.

Et pourquoi ? Simplement pour ça : son regard, avait dit Frederich, le père. Et il avait poursuivi :

– C'est pour ça que, à un moment où nous étions seuls tous les deux, je l'ai tué. Personne ne s'est aperçu de ce qui s'était passé. Dans mon rapport, j'ai indiqué que, par négligence, il avait été tué par une balle de son propre fusil. Et c'était la vérité : la balle provenait bien de son arme. Seulement, c'est moi qui avais tiré.

Son regard au moment de recevoir un de mes ordres, insista le père, voilà la cause. Rien d'essentiel, me diras-tu, maintenant, bien des années après, entouré d'éléments pacifiques. Mais en temps de guerre, les ordres sont essentiels, ils sont la base, et il est des regards qui ont des conséquences. S'il en avait eu l'opportunité, il aurait fait la même chose. Après ce regard, j'ai agi plus vite que lui. Lui n'a pas compris mon regard ou a juste été plus lent. Ou alors, troisième hypothèse, il n'a pas osé réduire les effectifs de son régiment… Et Frederich Buchmann avait alors éclaté de rire.

Lenz se remémora à plusieurs reprises ce récit de son père, d'abord pour se maîtriser lui-même lorsqu'il se laissait griser par le sentiment de fraternité – il semble parfois que le lien qui unit deux hommes pourrait être éternel –, mais aussi pour un autre motif précis que l'on évoquera plus loin.

Lenz, en effet, n'oublia jamais comment s'appelait le soldat que son père avait tué. C'est du reste sa curiosité qui l'avait conduit à en exhumer le nom.

– Comment s'appelait-il, père ?

– Qui ?

– Le soldat.

– Il y a des noms qu'il ne vaut pas la peine de garder en tête, avait répondu Frederich.

– Dites-moi comment il s'appelait.

– Je ne me souviens plus de son prénom ; son nom était Liegnitz.

Ce nom avait retenti comme une petite explosion dans sa tête et cette histoire lui revint immédiatement en mémoire lorsque le président, deux jours après l'élection de Lenz Buchmann par ses collègues du Parti à un poste important au sein des instances de la ville, lui présenta une jeune femme de vingt-cinq ans qui allait désormais être sa secrétaire :

– Mon cher docteur Lenz Buchmann, je vous présente votre secrétaire, extrêmement compétente, je puis vous l'assurer : Julia Liegnitz.

La bibliothèque

Comment dompter un animal sans avoir la main ferme ?

1

Lorsqu'il récupéra la moitié de la bibliothèque paternelle qui se trouvait chez Albert, après la mort de celui-ci, une sensation de rédemption gagna le corps de Lenz, sans laisser aucune place à celle qu'auraient pu faire naître le vol ou la conclusion d'une affaire au moment où l'autre partie est trop faible pour se défendre et exiger un prix juste. La bibliothèque de Frederich Buchmann avait un caractère total ; plus encore : elle constituait, prise dans son ensemble, l'un des traits les plus significatifs de la personnalité du père. C'est pourquoi Lenz, après la mort de Frederich, avait ressenti comme un acte d'une absolue violence le partage de la bibliothèque avec son frère.

Cet épisode avait du reste définitivement scellé l'éloignement de Lenz et Albert. Tous deux étaient de grands lecteurs, donc potentiellement intéressés par ce fonds hors du commun réunissant des milliers de livres. Toutefois, pour Lenz, cette bibliothèque ne se résumait pas à une accumulation d'ouvrages. Planait sur elle la figure du chef de la famille Buchmann. Une sorte de fantôme unique, incompatible avec toute pensée statistique, reliait entre eux tous ces volumes et le simple partage sur le mode « un pour toi, un pour moi » avait fini par devenir une opération technique obscène à force de se prolonger des heures durant.

Ce jour-là, Lenz sentit très clairement qu'il haïssait ce frère qui l'obligeait à abdiquer ses qualités de combattant – à renoncer à l'espace entier pour se satisfaire de la moitié – au profit d'une logique d'épicier pour qui le mètre carré ou n'importe quel objet pris comme unité (un livre ou une vieillerie plus esthétique) sont les garants d'un équilibre, de la répartition juste et morale, comme si la justice était finalement un concept non pas humain, mais numérique.

Comme si l'excès n'exprimait pas, à certains moments, la justice à son point le plus élevé, comme si une égale répartition du poids sur les deux plateaux de la balance ne pouvait être une mesquinerie qui humilie deux hommes en les traitant comme des semblables.

Lenz tenta bien, dans cette atmosphère pesante, d'avancer qu'« une bibliothèque comme celle-là ne se partage pas », espérant que son frère Albert esquisserait le geste de celui qui baisse les bras pour que l'autre puisse les garder levés. Cependant, chez Albert (Lenz le comprit ce jour-là), en plus de la faiblesse, de la mollesse de caractère, existait également une incapacité au sacrifice véritable. Albert, pensa Lenz par la suite, aurait dû à cet instant pressentir que, ce qui importait, ce n'était pas de savoir qui conserverait l'œuvre de tel ou tel auteur, mais bien qui conserverait l'œuvre inachevée de leur père. Il s'agissait de savoir qui se saisirait du marteau encore en l'air pour, avec rapidité et vigueur, achever de porter jusqu'au sol le coup que leur père, Frederich Buchmann, avait commencé de donner.

Il s'agissait réellement de l'héritage du père, mais la

bibliothèque ne correspondait pas à un héritage matériel au sens classique, car elle impliquait une attitude, une morale propre.

Albert aurait dû comprendre qu'il serait incapable d'offrir à cette bibliothèque le mouvement qu'elle requérait. La bibliothèque du père obéissait à un ordonnancement qui devait avoir une continuité naturelle. Il y avait un intervalle d'intensité entre chacun des livres et il était nécessaire de connaître cet intervalle, d'atteindre son cœur, afin de pouvoir donner une suite à la bibliothèque, en la tenant et en la conduisant sur le même chemin qu'auparavant, comme un cheval qu'il faut maîtriser, en usant de brutalité si nécessaire, mais avec un objectif précis. Cette bibliothèque n'était pas un objet passif, ce n'était pas une chose qui voulait être rangée. Au contraire : c'était un élément vivant qui avait besoin d'être dompté, guidé ; un cheval, exactement, c'était l'image parfaite, un cheval qui, bien que travaillant au service de la famille depuis de longues années, conservait encore, au fond de son organisme, cet instinct non humain (et humain aussi) le portant à ne pas aimer les hommes, à sentir que son museau et ses pattes n'étaient pas faits pour l'action qu'exigeait de lui un maître médiocre au terme d'une journée harassante.

La bibliothèque du père n'en avait pas fini avec ses exigences. Était évidente, en ce sens, l'invitation à l'action que sentait Lenz dès qu'il pénétrait dans la pièce où elle était installée.

Et que pouvait comprendre de ces invitations au combat son frère Albert, pour qui la lecture était un moment de repos et non le moment rare où commence à se renforcer la stratégie d'attaque contre le monde ? Albert voyait dans la vieillesse l'occasion d'accroître son volume de lecture ; pour Lenz, au contraire, la vieillesse signifiait l'abandon de la lecture, car celle-ci exigeait une vitalité dont n'est doté que celui qui agit avec vigueur sur le monde.

Mon père, qu'est-il en train de penser de moi ? murmurait Lenz bien souvent, après sa mort, dans ces moments précis où le jour semble écarter des rideaux et où le soleil surgit, comme s'il était à la fois un ordre capable d'unifier tout ce qu'il surplombe et le point de discorde originel. Que pense-t-il de moi ?

Comment se séparent deux énergies qui ont cessé de se voir ?

2

Lenz s'acquitta seul de tout le travail. L'enterrement d'Albert avait eu lieu la veille.

L'intervalle ne durerait pas un jour de plus. Voilà Lenz qui entrait dans la bibliothèque de son frère, décidé à séparer les livres qui se trouvaient à l'origine dans la bibliothèque paternelle de ceux acquis par Albert, avant ou après.

Il séparait ces livres qu'il voyait comme aussi différents et antinomiques que la santé et la maladie, l'arme qui porte le coup et le bouclier, l'homme qui se lève et celui qui s'endort. Il y avait en Lenz une attraction ou une répulsion à l'égard de chaque volume, en fonction de son propriétaire. Il ne s'agissait pas ici de séparer bons livres et livres d'auteurs médiocres, à l'œuvre éphémère. Rien de cela. Son frère Albert était lui aussi un homme de solide culture et savait distinguer les livres qui pesaient sur une étagère et ceux qui avaient l'air de flotter, comme s'ils n'avaient pas été des objets mais bien plutôt de l'air, un élément auquel on ne prête pas attention. Ce genre de livres, immatériels, n'était pas représenté dans la maison d'Albert. Mais ce qui importait, c'était l'impulsion qui avait conduit leur propriétaire à les acquérir. En laissant les livres de son frère et en emportant seulement ceux qui provenaient de la bibliothèque du père, Lenz n'établissait pas une hiérarchie littéraire, mais une hiérarchie entre les existences. Il s'agissait de prendre en compte non pas les phrases que les yeux avaient lues, mais la façon dont les mains s'étaient saisies du livre.

Lenz se souvenait d'ailleurs de s'être un jour fait durement tancer par son père. Après avoir marqué un temps d'arrêt, Frederich lui avait lancé brutalement, comme si Lenz avait été à deux doigts de briser un précieux bijou de famille, ou de tomber au fond d'un précipice :

– Ce n'est pas comme ça qu'on doit tenir ce livre.

Récupérer la puissance initiale : tout le monde ne tient pas les choses de la même manière

3

Ce n'était plus un enfant, il avait obtenu son diplôme, nombreux étaient ceux qui s'adressaient déjà à lui avec cette délicatesse primaire en lui donnant du *monsieur le docteur*. Donc, monsieur le docteur tourna le regard vers son père, surpris, pour s'entendre dire :

– On ne tient pas les livres comme on tient la main de sa fiancée. Tu saisis ?

Lenz avait saisi. Des années plus tard, il en apportait encore la preuve. Les livres, et pas seulement celui-là, portaient la marque des mains qui, les premières, les avaient tenus, et c'était cette marque qu'il cherchait. Dans la bibliothèque de son frère, il y avait des livres qui portaient la marque de ces mains de combattant et il y avait des livres dont elle était absente. Et il était facile de faire la différence – comme de séparer le bon grain de l'ivraie – pensa Lenz, en lâchant un sourire plein d'une évidente malice, un sourire rare chez qui, comme lui, maîtrisait chaque jour un peu plus ce que l'intérieur du corps devait inscrire à l'extérieur, sur la réalité. Mais il était seul, au milieu de la bibliothèque, en cette fin d'après-midi presque mélancolique. Il pouvait sourire à son aise, il n'y avait pas de spectateurs, à l'exception de Dieu – dont les capacités d'observation le laissaient sceptique. Quelque chose ne fonctionnait pas avec ce Dieu. Une espèce de totalité incomplète, quelqu'un qui a déjà revêtu un impeccable costume de mariage et qui, au moment de mettre ses chaussures, réalise qu'il a devant lui, sans la moindre raison et sans que cela ait aucun sens, deux chaussures parfaites, mais pour le même pied, deux chaussures droites. Lenz, en vérité, comme il le disait lui-même, ne se laissait pas intimider par les aveugles.

Mais en cet instant il avait la nausée, c'était bien le mot qui convenait, en voyant le mélange qu'Albert avait osé faire entre ses livres et ceux de leur père.

Albert n'avait pas conservé les ouvrages de la bibliothèque paternelle sur certaines étagères et les siens sur d'autres ; non, il avait regroupé des auteurs, modifié la disposition des livres et avait finalement décidé de les ranger par ordre alphabétique, démarche rudimentaire qui disait bien l'indigence de son caractère – il avait mélangé la force et l'alphabet.

Deux mondes ennemis se trouvaient là artificiellement transformés en un monde unique, en une espèce de paradis idiot où les loups et les chiens se retrouvent à paître la même herbe que les brebis bien sages. Cher Albert, se disait Lenz, ta mort ne suffit pas : je vais également t'oublier, et facilement.

Les livres d'Albert portaient la marque de cette décadence irrémédiable, de ce train qui déraille et s'enfonce, hors de contrôle, dans un espace mystérieux, non domestiqué, qui jusque-là avait patiemment accueilli les prouesses techniques du moteur. Son frère Albert était quelqu'un que la nature avait renvoyé, de la même manière qu'un mauvais élève se fait renvoyer d'une institution humaine : les livres de son frère portaient la trace et l'odeur de sa maladie. Ils étaient des volumes civilisés, mais fragiles. Ils étaient des choses hygiéniques, la chambre d'un malade.

Quant à Lenz : il appartenait à un autre monde.

Oublis et dettes dérisoires

4

La bibliothèque que Lenz avait sauvée et qu'il rangeait à l'intérieur, « dans le ventre », de sa propre bibliothèque, désormais composée de ses livres et de ceux de son père mélangés – car entre ces deux flux il n'y avait pas de différence : son père l'avait marqué jusque dans sa chair et l'on croyait voir dans sa main l'empreinte laissée par l'arme que le valeureux officier Frederich Buchmann avait utilisée pendant la guerre –, cette bibliothèque, donc, semblait se recomposer, récupérer des forces sous l'effet d'une science mystérieuse.

Lenz, il le sentait bien, était l'*unique* véritable enfant de Frederich Buchmann : il satisfaisait ainsi à un besoin des livres eux-mêmes. D'authentiques frères se retrouvaient et ces retrouvailles libéraient une puissante énergie. Enfin, des livres rares d'un même auteur, des premières éditions, étaient à nouveau côte à côte ; ils avaient vécu quelques années dans deux maisons, séparés – comme dans un divorce –, et à présent on célébrait leurs retrouvailles, la fusion de deux espaces en un seul. Les livres affichaient une camaraderie sans pareille : en se rejoignant, ils semblaient les uns et les autres revêtir un nouvel uniforme, comme s'ils avaient été démobilisés et que, désormais, par le seul toucher, peau contre peau, leur bataillon se reformait – soldats se regroupant pour lancer la reconquête de la maison paternelle.

Cette camaraderie entre les livres effrayait et exaltait Lenz Buchmann, maintenant qu'il était évident, dans le monde des vivants et des humains et dans le monde muet de la nature, qu'il était le seul Buchmann, le seul à arborer le style de ceux qui jugent et non le style de ceux qui sont jugés.

La bibliothèque du père était enfin à sa place : chez son fils Lenz, qui serait bientôt le fils aîné, même si l'ordre de naissance en avait décidé autrement, car en effet, dans quelques années, il aurait dépassé l'âge auquel Albert était mort.

Et cela n'avait rien d'une obsession mesquine – dépasser vivant l'âge qu'avait un mort –, il s'agissait d'un besoin de rompre avec le passé, il s'agissait d'oublier non par négligence mais par devoir. Lenz Buchmann avait besoin d'oublier qu'il avait eu un frère, qui avait été faible dans sa vie comme dans sa mort, qui dans sa vie comme dans sa mort n'avait pas semblé être un Buchmann, mais bien plutôt un spectateur de la famille Buchmann.

Quelqu'un qui s'était contenté d'une vie moyenne, en aspirant à la santé, avant de passer par tous les échelons de la maladie et d'obéir sagement, sans regimber, au moment de monter à l'échafaud, afin de ne pas gâcher le spectacle.

Puis la mort était venue. Elle n'avait pas été – elle ne l'est jamais pour les lâches – ce prodige qu'est la mort aux yeux des hommes forts. Lenz oublierait son frère de la même manière qu'on oublie de s'acquitter d'une dette dérisoire. Dette qui perdure, car personne n'a l'indélicatesse d'incommoder un débiteur pour recouvrer une somme insignifiante.

Une petite faiblesse de Lenz Buchmann

5

Lenz venait de ranger le dernier volume. Immobile, il regardait aux quatre coins de la pièce.

La bibliothèque était reconstituée et de nouveau en mouvement. C'était lui désormais qui détenait le commandement, lui qui édictait les ordres : je veux celui-là ! Et celui-là ! Et celui-là !

Voilà que circulait en ces lieux une tension électrique ancienne ; non pas faible, seulement ancienne. Ce qui signifiait juste qu'elle avait déjà existé. Et cette tension pouvait désormais compter sur quelqu'un sachant s'en saisir pour lui donner une force nouvelle. Cette chose qui ne se voit pas est la plus violente – pensait Lenz –, cette chose qui passe entre les livres, entre chaque paire de livres, cette énergie qui n'a pas de nom si ce n'est celui de ses propriétaires, Lenz Buchmann et le courageux officier Frederich Buchmann, son père.

C'est alors que, pour une fois, Lenz se sentit attaqué, pris au dépourvu. Il s'adossa à l'une des étagères, baissa la tête et, pour la première fois depuis la mort de son père, il fit ce qu'il n'avait même pas fait lors de l'enterrement de cet homme qui s'était mis une balle dans la tête après avoir compris que la faiblesse, avec ses manières indélicates, avait résolu de lui régler son compte. Au milieu d'une bibliothèque reconstituée et heureuse, incomplète seulement parce qu'elle avait trop d'appétit et non parce qu'il lui manquait quoi que ce fût, en cette fin d'après-midi, un jour seulement après l'enterrement insignifiant de son frère Albert, Lenz pensa à son père et se mit à pleurer, oubliant qu'il était Lenz le fort, le fils unique qui conservait dans le creux de sa main la marque de l'arme du militaire Frederich Buchmann.

Au sujet des hommes

Julia et Gustav Liegnitz

1

Julia Liegnitz, la secrétaire de Lenz Buchmann – l'étoile montante du Parti –, était compétente, en effet.

Le Parti avait confié à son nouvel homme fort la mise en œuvre d'une série d'actions urgentes, ils entretinrent donc rapidement des relations privilégiées.

Tout à l'objectif d'assurer une gestion efficace des décisions, cet homme puissant déjà, doué d'une immense culture, marié, et cette jeune femme qui était clairement une novice dans tous les domaines, semblant même ingénue à bien des égards, notamment quant à sa propre souffrance et à celle d'autrui, renforcèrent leurs liens presque mécaniquement – il y avait là une structure en acier, d'une forme inaltérable, dans laquelle venait à présent s'encastrer une autre petite pièce, encore susceptible d'être façonnée.

À l'instar de n'importe quelle secrétaire, Julia Liegnitz rédigeait des lettres, prenait les premiers contacts avec des personnalités de second plan afin que le Dr Buchmann ne perdît pas son temps à écouter des gens inintéressants lui détailler leurs *convictions personnelles.* Elle répondait au téléphone, sélectionnait les informations pertinentes parues dans la presse et, surtout, veillait à conserver cette pudeur discrète dont, selon Lenz, elle ne devait pas plus se départir qu'un bon serveur de restaurant.

Elle gardait ses distances, ne s'approchait pas d'un bond, mais plutôt à petits pas, en donnant l'impression de ne pas vouloir réveiller une chose maligne qui dormait. Telle était l'attitude de Julia, et cela plaisait franchement à Lenz.

Il existait chez elle une tendance naturelle à la prévenance, qui frôlait la servilité.

Quant à ce patronyme qui l'avait laissé interdit le jour des présentations, il n'y avait plus aucun doute. Lenz avait facilement obtenu confirmation : elle était bien la fille du soldat mort au combat, qui appartenait au régiment placé sous le commandement de l'officier Frederich Buchmann. Lenz savait à présent que le soldat dénommé Gustav Liegnitz avait laissé derrière lui deux enfants orphelins : Julia, l'aînée, et un fils, âgé désormais d'une vingtaine d'années, que le soldat Gustav Liegnitz n'avait même pas eu le temps de connaître. Le garçon était né après qu'on eut appris la nouvelle de la mort de son père au combat et on lui avait donné le prénom auquel chacun s'attend dans de telles circonstances. Il s'appelait donc exactement comme son père : Gustav Liegnitz.

Sauver des mendiants

2

Le changement d'échelle avait été si rapide que Lenz, dans les premiers temps, avait du mal à reconnaître certaines personnes auxquelles il avait eu affaire en tant que médecin et qui se présentaient maintenant devant lui pour des raisons qui n'avaient plus rien à voir avec leur souffrance physique. Des personnes qu'il avait vues profondément atteintes, livrant une dure bataille pour défendre leur existence, qui avaient envisagé la survie comme un travail, comme quelque chose qui dépendait de leur volonté, venaient à présent pour quémander ou suggérer de menus assauts aux réserves d'argent presque illimitées dont le Parti assurait la gestion.

Certains avaient perdu la physionomie de ceux qui souffrent, physionomie que Lenz, malgré tout, avait appris à respecter, au profit d'une physionomie de mendiants, capables, pour obtenir quelques pièces, de reproduire vingt fois un regard de vierge.

Cette modification, ce détournement de virilité, cette existence qui entassait des hommes complètement différents dans une même fosse d'où s'élevaient des mains vivantes qui semblaient demander l'aumône :

ces modifications, ces détournements étaient étranges, difficilement explicables. Lenz avait l'impression que les gens aimaient cette façon mystérieuse de disparaître au milieu d'une masse, et il était stupéfait par ce fonctionnaire qui, devant l'homme politique Lenz Buchmann, demandait quelque chose en haussant les épaules, comme s'il indiquait implicitement : *je ne suis pas différent des autres hommes*. L'absence de honte chez cet individu le surprenait. Comment était-ce possible ?

Que vois-tu quand tu regardes vers où tout le monde regarde ?

3

Lenz Buchmann avait gardé en mémoire une ou deux images de lui, enfant, au milieu de foules excitées. Une fois, son père Frederich l'avait emmené assister à la parade militaire et, comme toujours, avait refusé de le hisser au-dessus de sa tête ou de le porter sur ses épaules : l'enfant Lenz, par ses propres moyens, devait se battre pour arriver à voir. Et l'enfant Lenz était dans ces moments-là en proie à un sentiment de pure terreur, perdu au milieu de centaines et de centaines de jambes inconnues, et, plus que cela, des jambes qui portaient leur attention vers le dehors, comme hypnotisées, et qui attendaient que le défilé militaire soit passé pour retrouver leur état normal, autrement dit pour revenir à leurs préoccupations individuelles. Dans ces situations, l'enfant Lenz avait très peur, non d'un homme en particulier, mais de cette fausse union, d'une extrémité à l'autre de la foule ; union non pas entre deux hommes se trouvant l'un à côté de l'autre, mais entre deux hommes séparés l'un de l'autre – en cet instant d'une façon encore plus brutale que les jours ordinaires – et qui ne se rejoignent que dans l'admiration commune d'un même paysage.

Des gens qui devenaient des alliés non pas dans la même activité, mais dans la même passivité.

Lenz Buchmann connaissait les hommes : la plupart devenaient amis parce qu'ils partageaient le même abri et seule une minorité – dont il savait faire partie – sympathisait avec qui utilisait la même arme qu'eux, quand bien même celle-ci n'était pas en métal. Une relation de ce type était rare, exigeante, savait Lenz, mais c'était la seule à s'approcher des liens de sang qui unissent un père et son fils, sans rapport avec ces relations contractuelles, régies par la logique, qui prévalent largement à travers la ville.

Stratégie et anatomie

4

Cette foule composée de bataillons entiers de spectateurs, désarmés, l'avait épouvanté quand il avait six ans, et l'épouvantait encore à présent, tandis que depuis la fenêtre de son cabinet de travail il regardait passer des centaines de gens ordinaires, tout en bas, aller d'un côté et de l'autre, minuscules ; mais des gens qu'il parvenait cependant à distinguer, si ses yeux faisaient un effort, et à reconnaître individuellement.

Dans le fond, on eût dit que la hauteur de cette fenêtre avait été calculée au millimètre près pour permettre une spécialisation du regard, un regard pouvant embrasser cinq cents personnes d'un coup ou, si nécessaire, opérer une plongée sur une seule d'entre elles, pour considérer son corps comme un spécimen, avec agrandissement possible au moyen d'une attention précise. Celui qui avait planifié l'installation de fenêtres à cet emplacement, à cet étage précis du bâtiment, s'y connaissait certainement tout autant en politique qu'en architecture.

La fenêtre du cabinet de Lenz Buchmann, d'ores et déjà une figure importante du Parti, était une fenêtre pour un homme d'action, pas pour un spectateur. Elle était faite pour quelqu'un qui voit les deux champs de l'existence : le champ stratégique et le champ anatomique. Depuis cette fenêtre, tous ses compatriotes pouvaient passer pour des étrangers s'il regardait distraitement ; mais de cette même fenêtre, il aurait pu reconnaître un parent proche. Il aurait pu, par exemple, voir distinctement son père, si celui-ci avait encore été en vie : reconnaître sa physionomie, sa démarche, sans le moindre risque d'erreur. Il s'agissait d'une combinaison extraordinaire entre distance et proximité et on eût dit que par un heureux hasard, qui ne pouvait qu'être l'effet des grandes forces qui dominaient le monde, lui avait été attribuée à lui, Lenz Buchmann, la seule fenêtre de l'observateur qui observe pour agir, la fenêtre des grandes existences, la fenêtre de celui qui sait être fait pour influencer les hommes un à un, mais aussi pour les influencer tous dans leur ensemble.

Et Lenz Buchmann, en ce doux après-midi, appuyé contre la fenêtre, après avoir transmis une pile de dossiers à sa secrétaire Julia Liegnitz – jeune femme aux manières simples, belle et efficace –, et accompli à présent les tâches politiques du jour, Lenz regardait passer les gens, qui apportaient la preuve de la vitalité de la cité, des gens qui allaient en tous sens sans s'arrêter.

C'est alors que, sans pouvoir se l'expliquer, il se sentit poussé à lever le bras et à faire un signe de croix. Lui qui tant de fois s'était moqué de ce geste et qui persisterait, les jours suivants, à le considérer avec ce sarcasme distant qui lui était coutumier.

Le signe de croix et l'autre trace que Lenz rêve de laisser

5

Donc, appuyé contre la fenêtre, comme s'il avait été un prêtre, il fit sur tous ces points humains qui marchaient le signe de la croix et pensa alors, à la façon d'un père s'adressant à ses enfants : que Dieu vous protège, qu'il corrigea immédiatement en : que Dieu *nous* protège !, par quoi il se rattachait non pas à la mesquinerie individuelle de ceux d'en bas, mais malgré tout à la faiblesse de l'espèce. À cet instant, la pensée qu'il allait mourir de la même manière que tous ceux qu'il apercevait depuis la fenêtre lui devint insupportable ; quelqu'un avait commis une erreur stupéfiante, qui entachait toute sa vie d'irrationalité.

C'est alors que Lenz se sentit observé. Il se vit à nouveau comme le prêtre magnanime qui bénit ou absout une foule de croyants, mais qui est à son tour, sans le savoir, béni ou absous par un homme qui se trouve dans son dos ; et cet homme a lui aussi un autre homme dans son dos ; et celui-ci encore un autre ; et ainsi de suite jusqu'à la fin des temps et de l'espace sur une ligne coïncidant avec la succession des générations qui l'avaient précédé et de celles qui le suivraient. Quelqu'un fera sur toi le signe de croix, pensa Lenz, et l'image précise que fit surgir cette pensée le révolta à nouveau. Il songea au suicide de son père et le considéra à présent sous un autre angle. Finalement, il s'était tué à temps pour éviter de tomber à un tel niveau de faiblesse qu'il n'aurait pu refuser que quelqu'un accomplisse à son intention ce dernier geste pieux – le signe de croix.

Ne jamais être le gibier touché à mort qui ne respire plus qu'à partir d'un point minuscule de l'existence, pensa-t-il. Lenz était un chasseur, il avait toujours eu plaisir à chasser et en aucun cas il n'eût toléré qu'un chasseur fût transformé en gibier.

Il fit à nouveau, sans y penser, le signe de croix sur ces personnes qui tout en bas ne s'arrêtaient jamais et semblaient appartenir à un unique groupe d'hommes refaisant à l'infini le même trajet circulaire. Mais non : c'était la population tout entière qui passait par là ; lui était au centre et tous avaient besoin de quelque chose au centre de la ville. C'est là que se trouvaient les aliments, les transports, les femmes qui se faisaient payer. On trouvait tout dans le centre et ce qui était en périphérie – les maisons individuelles, par exemple – était quantité négligeable. C'était là, au centre, que l'explosion trouvait son origine.

Lenz Buchmann, entre-temps, était plus satisfait de ce second signe de croix, pour lequel ses doigts avaient effleuré le verre de la vitre. Il avait fait ce geste avec un bras de chasseur, non pas avec le bras de celui qui va prendre part à un duel et moins encore avec le bras de celui qui aspire tout juste à survivre.

À la façon du propriétaire qui marque le flanc d'un bœuf du symbole de son troupeau, Lenz Buchmann, avant de disparaître, marquerait de son nom le flanc de la population. Tel était son destin. Il en avait la conviction.

Lenz commença à rire tout seul de son ambition et de la façon dont elle s'était précocement manifestée. Il se souvint de ce jeu qui l'amusait lorsqu'il était enfant : il volait des dizaines et des dizaines d'horaires de train et par-dessus ces tableaux remplis de chiffres exacts qui orientaient et conditionnaient la vie de milliers de personnes – au même titre que l'électricité –, il écrivait son nom en lettres noires :

Lenz Buchmann, Lenz Buchmann, Lenz Buchmann !

Il serait possible de se parler, seul à seul ?

6

Depuis sa fenêtre de tireur d'élite, Lenz se surprenait parfois à reconnaître quelqu'un qu'il avait soigné lorsqu'il était médecin. Et en voyant ce corps à présent fondu dans la masse des autres corps qui ne semblaient avoir pour seule vertu que d'occuper son champ de vision, comme s'ils avaient été engagés pour distraire son regard – troupe de clowns ou contorsionnistes de cirque –, en reconnaissant ce corps, donc, Lenz regrettait presque d'avoir agi sur lui. Et en désignant cet individu avec un certain dégoût, Lenz confiait d'un air désolé :

– Je n'arrive pas à croire que ce soit l'homme que j'ai sauvé.

Comme si le fait de l'avoir sauvé pour « ça » – pour le voir depuis sa fenêtre au milieu des autres – était la preuve d'une erreur : il n'avait pas sauvé un individu, mais une substance qui se diluait et dont les composantes essentielles acceptaient tranquillement de disparaître. De l'eau dans de l'eau, murmurait Lenz Buchmann, lorsqu'un député du Parti, Hamm Kestner, en qui l'on voyait le futur président, entra dans son bureau :

– Mon cher Buchmann, il serait possible de se parler, seul à seul ?

Dialogue entre deux hommes forts

En descendant vers ce qui reste de la nature

1

Comme à l'heure de sceller des alliances décisives, l'atmosphère était empreinte de gravité. Lenz Buchmann et Hamm Kestner ne s'assirent même pas. La poignée de main fut vigoureuse, un acte presque solennel et qui impressionna Julia Liegnitz, restée à l'entrée du bureau dans l'attente d'une consigne objective.

– Que dites-vous d'une petite promenade tout en conversant ? proposa Lenz, las de se trouver enfermé dans cette pièce.

Julia Liegnitz se retira.

– Vous avez raison, plongeons dans la nature, dit Hamm Kestner, mais dépêchons-nous tant que la ville en garde quelques traces. Le temps nous est compté, lança-t-il en riant.

– Au moins reste-t-il la nature que représentent les humains, répondit Lenz.

Kestner parla ensuite des citoyens qui, obsédés par de menues considérations techniques visant à résoudre des problèmes immédiats de confort et d'hygiène, ne s'excitaient que lorsqu'une tempête faisait irruption dans le ciel, les obligeant à courir aux abris.

– Ce sont les seuls moments, dit Kestner, où il leur

revient l'idée de prier et de fermer les portails avec des cadenas.

Lenz acquiesça, tout en désignant d'un geste de la tête la masse de gens que l'on voyait depuis la fenêtre marcher en tous sens, marcher, marcher, sans jamais s'arrêter.

– La décadence en plein effort, qui ne connaît pas de répit, qui n'a pas de dimanches, dit Lenz.

En sillonnant les rues de la ville
et en croisant un fou

2

Les deux hommes puissants étaient à présent dans la rue et marchaient sur le même plan que ceux qu'ils apercevaient peu auparavant depuis la fenêtre. Cependant, même si un regard distrait eût pu les confondre avec le reste de la foule, il y avait à l'évidence chez ces deux hommes une confiance et une énergie qu'on ne lisait sur aucun autre visage. Curieusement, seul le fou, l'un des fous les plus connus de la ville, qui croisa les deux hommes, ce qui provoqua chez les gens quelques sourires – en raison du contraste entre leur sérieux et la vitesse clownesque du dément –, seul le fou arborait un visage absolument conquis par l'admiration qu'il se vouait à lui-même, par la confiance inébranlable que lui inspirait sa façon particulière de voir le monde. Un authentique souverain.

Comme quelqu'un qui commande : ainsi s'avançait le fou à travers les rues.

Les deux hommes tournèrent même le visage pour le saluer d'un léger hochement de tête. Ils lui accordèrent effectivement plus d'attention qu'aux dizaines de personnes croisées par ailleurs, des personnes qui voulaient à toute force les saluer, dans un échange de regards presque mercantile – acquérant une importance économique décisive. Le fou, en dépit de son déséquilibre dans sa relation au monde, avait eu droit à plus d'égards que tous les autres, car au moins chez lui ils avaient décelé une espèce de fierté individuelle qui, si elle ne lui permettait pas de commander les autres hommes, lui permettait au moins de ne pas leur obéir.

De ce fou qui, par manque de moyens économiques, avait quitté depuis de longues années l'asile Rosenberg, n'émanait aucun danger car lui, en définitive, ne maîtrisait ni les instruments ni les techniques pouvant mettre les autres en mouvement, pas même le langage. Aucun duel ne pouvait donc avoir lieu entre le fou et ces deux hommes. Le fou – que tout le monde dans la ville désignait par le diminutif Rafa – s'avançait avec l'assurance de celui qui a choisi l'arme adaptée au moment et à l'adversaire, même si personne ne cheminait à ses côtés et encore moins à sa suite. L'arme invisible que le fou portait sur lui – et qui était à la base de son arrogance et de sa détermination –, en plus d'être intangible, était aussi incommunicable : il n'existait pas de mots capables de relier son monde – et son excitation potentielle – au monde des autres. En ce sens, il était d'une certaine façon aux antipodes de ces deux hommes publics, politiciens dont les armes tiraient précisément leur force de leur visibilité et de la façon dont le pouvoir qu'ils incarnaient était immédiatement perçu par les autres. La violence potentielle qui imposait le respect devait, pour être efficace, afficher d'entrée de jeu un visage menaçant, même s'il n'était que partiellement dévoilé.

Rafa le fou amuse les habitants de la ville

3

S'agissant de Rafa le fou, la rupture qu'il avait opérée avec autrui bien des années auparavant concernait non seulement son comportement, mais également sa façon d'associer dans une phrase un substantif et un verbe. Non qu'il s'exprimât d'une manière inintelligible ; le désordre, en réalité, ne résidait pas dans la phrase elle-même, mais dans le parcours inexplicable qu'elle empruntait depuis un point donné de sa tête jusqu'à l'extérieur. Son comportement physique était une langue que ses propres paroles remettaient en cause, et vice versa. Il ne s'agissait pas seulement de deux langues s'observant stupidement sans se comprendre ; c'étaient deux langues qui s'annulaient, se combattaient, chacune avec ses moyens.

Lenz songea même à ce conflit basique entre le crayon et la gomme ; la gomme qui efface ce que le crayon a inscrit sur la partie extérieure du monde, renvoyant ainsi un mot ou un dessin dans le monde du non-explicite, de l'occulte, de ce qui n'existe pas encore ; et le crayon qui ensuite, pour la deuxième fois, revient à la charge, tente d'imposer l'existence – ou plutôt la ré-existence – d'un ensemble de traits sur le papier. Ce retour en arrière presque magique ; cette existence qui s'interrompt sans laisser derrière soi ni cadavre ni aucun vestige – la feuille totalement blanche après l'action de la gomme, feuille qui, quelques instants auparavant, pouvait très bien avoir accueilli la phrase la plus pertinente du monde ou, par exemple, le symbole du Parti, qui impressionnait tout le monde ; ce retour en arrière artificiel, technique et presque monstrueux, avait toujours fasciné Lenz et là, à cet instant, il ne put s'empêcher d'associer cette avancée et ce recul à ce pauvre diable de Rafa. Voilà quelqu'un, pensa Lenz, qui tient le crayon de sa main droite, la gomme de sa main gauche, et qui ensuite agit simultanément avec les deux.

C'était cela, cette relation impossible entre deux actes, qui donnait au comportement de Rafa le fou son caractère indéterminé. Si seulement il arrêtait d'agir avec l'une de ses deux mains, pensa Lenz en tournant la tête, tout comme Hamm Kestner, pour regarder par curiosité ce que faisait le fou, au loin maintenant, et qui à l'évidence amusait les citoyens ordinaires.

Ni dans l'excès, ni dans la demi-mesure

4

C'était l'excès qui faisait rire les autres. Le fou faisait exister deux événements dans une situation où le citoyen normal n'en ferait surgir qu'un seul. Cet amoncellement de faits, de gestes, d'expressions verbales, c'était cela qui caractérisait réellement Rafa le fou, et Lenz Buchmann et Hamm Kestner – deux hommes unis pour mettre sur pied un projet capital pour la ville – étaient également unis dans le respect qu'ils vouaient en cet instant à ce « diable de Rafa ».

Lui ne manquait de rien, il était plutôt dans l'excès ; alors que tous ces gens, qui ralentissaient ou accéléraient le pas pour pouvoir être vus ou salués par Buchmann et Kestner, péchaient par défaut. Exactement : par défaut. Ces gens n'étaient que des moitiés d'hommes, tandis que Rafa le fou était deux hommes vivant dans un seul corps.

Entre les deux, dans un état à la fois équilibré et hors du commun, il n'y avait guère que Lenz Buchmann et Hamm Kestner, car ils ne donnaient ni dans la demi-mesure ni dans l'excès. Ils étaient doués d'une volonté qui commençait par se préparer pendant le temps nécessaire, mais qui, lorsqu'elle s'extériorisait, le faisait avec une intensité et une exactitude qui renversaient tous les obstacles. Une volonté décisive sachant trouver une solution à un problème de la vie pratique de la même manière qu'un chiffre peut à lui seul offrir la solution à un problème mathématique. Ces deux hommes puissants – et Lenz sentit au cours de cette marche à travers la ville, côte à côte avec Hamm Kestner, qu'ils étaient proches comme deux frères, unis par une authentique fraternité de sang – ne donnaient pas dans la contrebande avec leurs volontés les plus intimes. Des volontés qui restaient intériorisées seulement le temps de se chauffer les muscles, mais qui ensuite s'affichaient au grand jour sans marchandage, conformément à la seule conception qu'ils se faisaient de l'individu : quelqu'un qui est déjà en mouvement, une masse qui avance, de manière contrôlée, intentionnelle et avec une grande intensité.

« Faire ce que l'on veut, voilà le premier palier à atteindre. Pour arriver au second, il s'agit de faire en sorte que les autres veuillent ce que nous voulons », avait déclaré Frederich Buchmann à l'adresse de son fils cadet, Lenz, le jour de ses dix-huit ans.

À ce stade de son existence, Lenz Buchmann, un pied fermement posé sur le premier palier, commençait à hisser l'autre pied vers le palier suivant.

Esprits de la forêt

5

Cependant, en cette fin d'après-midi, ils étaient deux chefs qui allaient de l'avant. Deux instruments au service de quelque chose de plus élevé, intégrés à une hiérarchie, une hiérarchie qui toutefois ne plaçait à son sommet aucun humain, mais bien plutôt quelque chose que seul le nom de nature pouvait recouvrir, même si ce nom n'explicite rien. Ces deux hommes, qui sans l'exprimer se considéraient eux-mêmes comme les *esprits de la cité*, savaient devoir cette autorité non à la fidélité que les matériaux de construction doivent à la volonté humaine, mais à la rébellion que la forêt ne cesse de fomenter contre les machines qui la déciment, même si cette rébellion est clandestine, secrète, invisible, patiente. Rébellion, faut-il ajouter, qui a recours aux moyens du vaincu – l'obscurité –, mais qui y a recours avec la confiance de qui sait pouvoir, tôt ou tard, atteindre à la victoire.

C'était cette énergie de conquérant, qui subsiste sous le bitume des villes, qui se manifestait chez ces deux éminents hommes politiques : celui dont tout le monde disait qu'il serait le prochain président du Parti – Hamm Kestner – et celui que beaucoup considéraient déjà comme son plus brillant élément : Lenz Buchmann.

Ils étaient en vérité non pas les esprits de la cité, mais les *esprits de la forêt*, infiltrés dans les rues, les machines et les édifices. Lenz et Kestner se savaient doués des mêmes connaissances techniques que les autres hommes – autrement dit, ils étaient du même niveau de civilisation utile –, mais sans avoir été domestiqués. Leur volonté restait incivilisée, même littéralement non civile, c'est-à-dire militaire ; ils n'acceptaient pas de bonne grâce que l'on ne puisse, dans la ville, faire pareillement usage de l'arme et du verbe. Ils appartenaient à ce genre d'hommes pour qui une arme et la transmission de l'idée qu'elle pourra être utilisée à tout moment font partie des arguments que l'on pose sur la table.

Comme un roi étranger, c'était ainsi que, bien souvent, Lenz Buchmann se voyait au milieu des autres hommes. Comme quelqu'un venu de l'autre côté.

Mais celui-ci – Hamm Kestner –, même s'il ne descendait pas du même arbre (ce n'était pas un Buchmann), venait de la même forêt. Il était son frère, avec cet avantage qu'il ne portait pas le même nom que lui.

Que personne ne soit laissé à l'écart

6

La vie de Lenz avançait donc vers un nouvel horizon. L'homme à ses côtés était la borne signalant bien qu'il abordait un nouveau paysage. Un paysage que Lenz ne parvenait pas encore à comprendre complètement, mais qui le plaçait, lui, au centre non pas d'une relation entre deux hommes, mais au centre d'une relation entre l'histoire et un grand nombre d'existences. Il était en train de s'approcher de la salle dans laquelle chaque décision avait le poids de cent mille décisions, où chaque décision vibrait et avait une résonance telle qu'elle ne laissait personne à l'écart.

Ne laisser personne à l'écart : voilà un mot d'ordre, d'ailleurs, que Lenz Buchmann aurait pu reprendre à son compte pour définir l'ambition qui motivait ses décisions ; il désirait prendre des décisions qui interdisent la neutralité, qui fassent de chaque chose un allié ou un ennemi. Décisions face auxquelles il n'y aurait pas une seule oreille sourde, pas un seul œil aveugle : elles s'appliqueraient à tout et à tous.

Chacune de ses décisions envelopperait la ville comme une couverture : tel était clairement son désir.

La ville était une chose organique et les spasmes qui l'agitaient, seul l'homme dénommé Lenz Buchmann serait capable de les comprendre et de les calmer.

Ne regarde pas deux fois une chose dangereuse

7

Soudain, Lenz s'arrêta et se retourna.

Malgré ses pensées, il ne parvenait pas à cesser d'observer le fou, au loin déjà, mais dont on voyait encore les traces du *joyeux désordre* qu'il avait laissées sur son passage.

Hamm Kestner lui demanda pourquoi il continuait de le regarder.

– J'ai une attirance pour ce genre d'individus, répondit Lenz Buchmann, en toute tranquillité.

– Corrigez cela, mon cher Lenz, dit Kestner. Ils sont amusants à voir, comme ça, mais il est dangereux de les laisser s'approcher. De la distance. De bonnes rigolades et de la distance.

Lenz acquiesça de la tête, mais ne put s'empêcher de penser qu'il faudrait que sa femme fasse rapidement connaissance avec cet homme étrange. Elle va l'adorer, pensa Lenz.

Il lui fallait très prochainement inviter le bon Rafa chez lui.

L'homme public

La main de Lenz Buchmann

1

Comme la main de Lenz Buchmann avait changé ! Le vieux style, presque pudique, de gouvernance de ses cinq doigts, avec une certaine tension dans les muscles, les batailles secrètes menées lors des opérations chirurgicales, penché sur un bout de tissu, sur une petite quantité de matière du monde : la main, dans ses activités médicales, n'avait cessé de regarder vers le bas et, à présent, la population tout entière semblait exiger qu'elle relevât la tête ; à présent, cette main privée levait les yeux, voilà l'expression qui convenait.

Sa main droite, à ce moment-là, était déjà devenue publique. Et cela n'était pas sans importance.

Il avait désormais l'intuition que tous ses gestes étaient accomplis sur une scène. Néanmoins, le public était tout à la fois ce qui pouvait applaudir (ou siffler) et l'objet même de ses actions. Le juge qu'était indubitablement Lenz Buchmann feignait parfois d'être l'accusé, de telle sorte que les rôles des deux côtés ne semblaient jamais fixés. Il s'agissait de faire croire en permanence que l'histoire qui le liait à un autre individu n'était pas encore achevée. D'alimenter les innombrables mais toutes petites ambitions, en les maintenant à un niveau d'intensité qui ne constituât pas une menace : il avait rapidement compris que c'était là l'une des tâches dont il lui fallait s'acquitter pour assumer son nouveau statut.

Avec Hamm Kestner, il avait beaucoup appris, et en peu de temps, mais l'inscription progressive de son corps dans un nouveau registre avait exigé un investissement personnel et seules ses prédispositions militaires – héritage familial –, alliées à une tendance toute scientifique à ne viser qu'à l'exactitude – héritage de sa précédente activité professionnelle – lui avaient permis d'atteindre, en quelques mois seulement, ce stupéfiant niveau d'efficacité dans ses actions politiques.

Transfert de capacités de la médecine à la politique

2

L'homme public exerçait son art en toutes circonstances, il n'y avait pas d'abri, pas de port de salut. Sa famille elle-même – en l'occurrence sa femme – était tirée vers ce nouveau langage. Maria Buchmann se vit dans l'obligation de comprendre, d'intégrer cette seconde méthodologie appliquée à l'existence. Et il lui plaisait, c'était absolument clair – au point que Lenz en était parfois irrité –, de rencontrer de nouvelles personnes, d'autres hommes, d'autres couples.

Lenz Buchmann, pour sa part, avait rapidement décrypté le nouveau code et, en scientifique qui remet en question, par l'expérimentation, ses propres habitudes et manières d'agir, il avait compris qu'*il lui fallait maintenant s'y prendre autrement*, car désormais, par ses décisions, il ne s'agissait plus de sauver complètement un organisme ou une vie, mais plutôt de satisfaire, même partiellement, les espoirs et les désirs de chaque citoyen. La capacité des machines de son cabinet médical à détecter la déchéance des cellules avait facilement été transférée de cette échelle réduite à l'échelle normale de la rue, et des machines à son œil. Le désordre moral et physique des habitants ordinaires l'inquiétait de la même manière *professionnelle* que la faillite physique d'une cellule l'inquiétait, auparavant, lors de ses consultations à l'hôpital. Disons que c'était une inquiétude qui n'engageait pas personnellement celui qui était inquiet.

Le médecin Lenz savait combien il était important de conserver un air surpris au moment – unique – d'annoncer au patient : *vous avez une maladie*, alors même que pour lui, en tant que médecin, il ne s'agissait nullement d'une phrase déterminante pour l'existence, mais bien d'une simple phrase sans cesse répétée, ordinaire. Une phrase qui n'affectait en rien ce que l'on pourrait appeler son économie sentimentale.

Cette simulation constituait l'un des rares gestes par lequel le médecin Lenz feignait d'être plus faible qu'il ne l'était réellement pour que son interlocuteur se sente accompagné. Mais la hiérarchie pratique qui s'établit entre tout homme sain et tout homme malade était restaurée dès la minute suivante. C'est pourquoi un médecin quel qu'il soit, dans une telle situation, n'a pas le sentiment de perdre autre chose que quelques minutes de force, des minutes insignifiantes. Ce moment où le médecin dit à l'homme qu'il n'est plus un homme mais quelqu'un atteint d'une maladie grave constitue un instant fraternel – le temps devenant une chose matérielle, à laquelle il est possible d'attribuer un visage humain –, instant fraternel pendant lequel le médecin, en se montrant aussi inquiet que le malade, *feint d'être embarqué dans la même galère que lui.* Alors qu'il n'en est rien.

C'était cette capacité peu commune que Lenz Buchmann avait transférée de ses consultations décisives à ses contacts politiques avec les citoyens ordinaires. Une erreur d'urbanisme – un bâtiment conçu avec un étage en trop – ou une querelle d'héritage, lorsque deux parties s'affrontaient devant les tribunaux pour un mètre carré, n'importe quel problème mesquin de ce type était élevé par le politicien Lenz Buchmann au même rang que la distinction entre maladie et non-maladie. Chacun de ses interlocuteurs ressortait d'une discussion avec Buchmann avec la conviction que celui-ci était embarqué dans la même galère, prêt à ramer à ses côtés. En réalité, Buchmann ne se trouvait à bord de la même galère que son interlocuteur que si ce dernier ramait pour lui.

Lenz avait détruit depuis longtemps ce qui servait d'abri à l'ingénuité et que même les personnes les plus lucides conservaient encore, un abri dont il avait appris très tôt l'étrange nom, donné par l'Église : le Saint-Esprit. Il n'embarquait jamais : il faisait mine d'embarquer et s'empressait de redescendre de l'autre côté, pour ne jamais quitter le port où il occupait la situation privilégiée de l'observateur dont les pieds reposent sur la terre ferme, et non sur les eaux imprévisibles.

Les pieds à l'église

3

Des conversations entre adultes qu'il avait eues avec son père, sans la mollesse verbale de son frère Albert, il avait gardé la notion claire que tuer les vestiges du Saint-Esprit qui restent dans le corps de chacun permettait d'entamer une nouvelle vie, en abandonnant les terrains neutres.

Dans les marécages les moteurs ne marchent pas, cette phrase que son père, Frederich Buchmann, avait prononcée le jour de sa première communion, alors qu'il portait encore cette tenue dans laquelle il se sentait complètement idiot, juste pour satisfaire les convictions chrétiennes de sa mère, cette expression entendue à quelques mètres seulement de l'entrée de l'église l'avait marqué. Et à mesure qu'il avait grandi, d'année en année, il n'avait cessé de réexaminer cette phrase, dont il avait fini par saisir plus clairement la portée.

Et très tôt, à treize ans, il avait dit à sa mère, sur le ton de qui ne tolérerait pas d'être repris : je ne mettrai plus jamais les pieds à l'église.

Les relations possibles entre le corps de l'homme et le Saint-Esprit

4

Évidemment, faire disparaître ou réduire à néant le Saint-Esprit que quelqu'un avait placé, sans autorisation, dans son organisme n'était pas aussi facile que de décider de ne plus jamais mettre les pieds dans une église. C'est que, dans le fond, il s'agissait d'un mécanisme concret sous un nom suggestif : le Saint-Esprit avait été transformé par les philosophes de l'Église en une espèce de protéine de la fraternité, protéine non humaine, bien au contraire, car faite d'une autre substance, d'une autre qualité, sous l'effet d'un raisonnement parfaitement humiliant pour les humains, ce qui n'empêchait pas ces derniers, pensait Lenz, de remercier stupidement avec un sourire vague. *Ce qu'il y a en toi de plus digne ne t'appartient pas*, avait décrété l'Église, en inventant cet Esprit non humain dont Frederich Buchmann disait qu'il occupait un espace où rien ne manquait jusqu'alors. Le Saint-Esprit venait en excès, il était une substance spécialisée dans une fonction qui n'était pas indispensable à l'existence. Cela revenait à disposer, sur une machine atteignant pleinement ses objectifs, dont les besoins en force et en mouvement sont satisfaits, un second moteur fonctionnant de manière autonome, sans lien aucun avec le reste de la structure du mécanisme. Autrement dit : il ne s'agit pas d'une pièce pouvant se substituer à celle qui serait défaillante, *c'est une autre pièce.*

Il suffit de songer à deux hommes de deux pays différents qui ne parlent que leur langue maternelle, incompréhensible pour l'autre et qui, enfermés dans la même salle, ont pour mission d'élaborer un discours. De cette salle sortiront deux discours autonomes, indépendants, éventuellement avec des propositions antagonistes, des déclarations de guerre explicites, ou alors l'un de ces deux hommes devra quitter la salle, en assumant l'abandon du territoire commun. Voilà, pour Lenz, quelles étaient les relations possibles entre le corps de l'homme et ce qu'ils appelaient le Saint-Esprit.

De l'importance du type de sol pour la marche des choses

5

Dans les marécages les moteurs ne marchent pas, lança Lenz Buchmann à sa secrétaire Julia Liegnitz, bien des années après avoir entendu cette phrase pour la première fois de la bouche de son père. Il avait dit cela en réponse à la réticence de Julia Liegnitz lorsqu'il avait fallu écrire une lettre à un important industriel ayant demandé à bénéficier de procédures exceptionnelles. Lettre de réponse qui n'était que mensonges du début à la fin.

Jamais jusqu'alors une telle situation ne s'était présentée.

Certes, il était très vite devenu évident que les relations entre le politicien Lenz Buchmann et les citoyens ne privilégiaient pas la vérité, mais la partie de celle-ci qui lui permettrait d'imposer son nom et d'asseoir sa réputation. Cependant, dans ce cas précis, il avait fallu montrer plus de courage : Buchmann avait ordonné à Julia Liegnitz d'écrire des phrases qui étaient contraires à la vérité : se trouver face à un mur blanc et affirmer que le mur est noir ou savoir pertinemment que le lendemain sera un mardi et soutenir le contraire, le jurer si nécessaire.

Évidemment, Julia Liegnitz n'avait pas osé refuser d'accomplir la tâche qui lui avait été confiée, mais le malaise provoqué par le sacrifice de la vérité et, conséquence immédiate, par le sacrifice de l'idée qu'elle se faisait d'elle-même en tant qu'individu qui ne ment pas intentionnellement – du moins dans les situations dans lesquelles elle n'est pas impliquée émotionnellement –, ce malaise fut si patent – cet aveu révélant une nouvelle facette de son ingénuité – que Lenz Buchmann n'eut d'autre choix que de lui exposer d'une manière presque brutale – ce qui lui procura un certain plaisir – sa doctrine concernant son rapport au monde.

Et Julia l'écouta.

Nous ne sommes pas là pour pêcher, mais pour envoyer les bateaux par le fond

6

– Allez à l'église si vous le voulez, mademoiselle, et même je vous encourage à vous y rendre, dit Lenz Buchmann en conclusion d'une longue conversation. Je vais jusqu'à penser que votre présence à l'église est importante : j'aspire à des relations cordiales avec cette extraordinaire institution et c'est un message que vous pourrez transmettre. Je vous prie donc de ne pas rater la messe un seul dimanche.

L'Église, pensait Lenz, n'appartenait pas au groupe des alliés organiques des hommes, elle appartenait au groupe de ceux dont on exige seulement qu'ils se tiennent silencieux et bien sages ; leurs armes ne feraient qu'affaiblir notre arsenal, *notre Royaume n'est pas le leur et, quand on mène des batailles politiques, on n'applique pas la méthode qui consiste à marcher sur l'eau aux seules fins d'impressionner.*

Les partisans de Buchmann et Kestner étaient d'une autre trempe, ils n'étaient pas des pêcheurs ; *ceux qui sont dans notre camp ne seront impressionnés que lorsqu'ils verront les bateaux ennemis envoyés par le fond, un à un.*

Par le fait, l'anarchie avait baissé ses prix ces dernières années. On pouvait débuter partout et pour pas cher. La confusion était telle, on entendait tant de criailleries d'épicier de la part de ceux qui s'enorgueillissaient d'avoir fondé une nouvelle religion, conçu une nouvelle machine ou simplement réaménagé leur jardin, que tout le monde, las de cette multiplication de voix, attendait non plus de nouvelles inventions mais le retour à l'ordre ancien, aux conditions de vie d'autrefois, au temps, enfin, où il n'y avait qu'un site fondateur, placé sous la garde des armes les plus modernes et sous le commandement de la voix la plus ferme.

Lenz était convaincu que si, avec d'autres éléments du Parti, il décidait de couper l'approvisionnement en électricité mais garantissait pleinement la sécurité de chaque individu de manière continue, et non par intermittence comme maintenant, très vite *on les verrait à nouveau – la populace –*, disait Lenz, *aller chercher des bougies, tout fiers de constater que celles-ci leur permettraient d'assister aux parades militaires nocturnes, pour voir défiler les hommes protégeant leurs biens et leurs enfants.*

Tous voulaient être en sécurité, mais il fallait d'abord qu'ils se sentent encore plus menacés.

Les Liegnitz et les Buchmann

Des liens indissolubles

1

Lenz Buchmann avait dès le départ respecté cette femme, Julia Liegnitz, pour des raisons de sang qu'il était le seul à connaître. C'était son père qui avait ouvert une brèche décisive dans cette famille. Il avait donc pour mission, conformément à des règles de dignité définies par lui seul, de poursuivre le travail engagé par son père, Frederich. Dans le fond, il s'agissait du même acte, sous une apparence différente : protéger cette femme et toute la famille Liegnitz – en particulier le frère, Gustav Liegnitz – revenait à interférer, comme seul le sommet de la hiérarchie peut le faire, dans l'existence de ces individus – comme l'avait fait son père. Dans le fond, Lenz Buchmann se plaçait sur un plan tel, par rapport à ces existences, que tuer ou protéger devenaient des actions d'égale valeur.

Il sentait que lui incombait la mission de protéger les enfants du soldat que son père Frederich avait tué, par désir de réparer une injustice, mais aussi avec la fierté de qui reçoit un héritage de son père, en l'occurrence un héritage qui n'occupait pas un espace physique, mais psychologique. Peu importait la cause, le fait était que les deux familles, la plus élevée – Buchmann

– et l'ordinaire – Liegnitz –, s'étaient vues unies, liées par une action d'une grande intensité et ce lien devait être respecté par les générations futures. C'était dans cette optique que Lenz Buchmann avait volontairement ignoré le vol – avéré – d'une certaine somme d'argent perpétré par sa secrétaire – ce faisant, il s'était d'ailleurs assuré de la part de Julia une fidélité indéfectible – et qu'il s'était donné pour objectif d'enseigner à Julia Liegnitz, au fil des années, les mécanismes qui régissent l'existence.

Julia apprend à écrire correctement

2

Ce fut donc avec une fierté quasi paternelle qu'il vit, plus tard, un sourire complice sur le visage de la jeune Liegnitz lorsque celle-ci acheva de rédiger son premier texte politique dans lequel, incontestablement, elle mentait.

Et il fut plus satisfait encore d'assister par la suite à l'effacement progressif de ce sourire qui était celui des contrebandiers ou des espions ; car cet effacement ou cette disparition signifiaient que le mensonge avait conquis un nouveau statut dans la vie publique de Julia Liegnitz. Ce n'était plus une chose que sa conscience détectait, mais bien une obligation professionnelle, comme une intervention dans un garage qui se fait plus ou moins rapidement, pour laquelle on s'améliore ou non, mais qui jamais ne provoque le moindre étonnement ou ne retient l'attention. Elle avait appris à extraire le moteur du marécage.

Chaque jour qui passait, Lenz Buchmann sentait se renforcer les liens qui l'unissaient à la jeune Julia Liegnitz. Il était d'une certaine manière en train de *la faire*, comme autrefois il avait façonné la petite bonne qui servait chez ses parents. Un viol non sexuel, mais continu, non pas celui qui saisit pour ensuite relâcher, mais celui qui saisit et jamais ne relâche ; qui d'abord détruit, écrase, rend informe et arase toutes les anciennes valeurs, puis, ensuite seulement, commence à donner une forme nouvelle, oriente et instille une autre force. Jour après jour, cette femme se départait complètement de son ingénuité.

En deux ans, l'homme politique Lenz Buchmann et sa secrétaire Julia Liegnitz devinrent inséparables. Comme dans le processus d'osmose : ils devinrent une seule et même substance.

Les noms

Deux noms ayant pris des forces durant des siècles se préparent à un duel

1

Dès le début de leurs relations professionnelles, l'homme politique Lenz Buchmann avait fait part à sa secrétaire de son désir de faire la connaissance de son frère : Gustav Liegnitz. La répétition de ce nom qu'il avait pour la première fois entendu prononcer par son propre père – Frederich – résonnait comme un fait historique remarquable ; ce nom était une sorte de monument, immatériel certes, mais qui n'en avait pas moins une grande importance symbolique.

Certains noms en effet étaient des choses, c'est-à-dire des constructions qui méritaient d'être visitées au même titre qu'une église vieille de plusieurs siècles. Lenz pensait parfois à la possibilité d'un circuit touristique universel pour des touristes qui ne voudraient pas apprendre des histoires de pierres ou d'épées brisées sur des champs de bataille, mais qui seraient plutôt curieux d'en savoir plus sur cette énergie de nature indéterminée que l'on perçoit quand on entend un nom fort.

Il était évident pour Lenz que l'ordre alphabétique était devenu monstrueux. Il existait un lien entre les noms, une sorte de vibration et d'excitation qui s'infiltrait dans cet ordonnancement trop civilisé ; et, à la manière de quelqu'un qui emprunterait de dangereux raccourcis afin de retrouver un frère plus rapidement, certains noms semblaient pressés d'en rencontrer d'autres. Un nom de famille concentrait un ensemble d'expériences anciennes qui ne pourraient jamais être disposées dans un panier et comptées comme des fruits. Les expériences individuelles ne constituaient pas des unités. Il ne s'agissait pas, il l'avait appris avec son père, d'une opération du type *1+1+1*.

Les sommes étaient des opérations faibles en comparaison avec ce qui devenait visible au moment où l'on entendait, par exemple, le nom de Buchmann. L'alphabet et la comptabilité n'étaient pas capables de saisir cette force qu'un seul mot renfermait, car ce phénomène était semblable à une opération de stockage, à la concentration d'expériences de générations successives, des expériences qui occupaient toujours le même espace (si l'on conçoit un nom en ces termes : un espace, un certain nombre de mètres carrés). Le nom devenait donc sans cesse plus dense et, à chaque génération, gagnait en intensité. Parallèlement, augmentait également le danger d'une explosion, car les forces croissaient dans un espace qui, lui, restait inchangé.

Lenz sentait que même un nom avait des capacités limitées en tant qu'entrepôt ou repaire. Et si le nom de Buchmann était un entrepôt où l'on travaillait encore, où l'on accumulait encore des expériences, il en allait de même pour celui de Liegnitz. Les forces de plus en plus intenses occupaient proportionnellement de moins en moins d'espace, se rétractaient, non pas pour disparaître, mais pour prendre leur élan et, plus tard, passer à l'attaque au moment le plus inattendu, en portant le coup le plus efficace.

C'était ce sentiment de dévotion à l'égard des patronymes, avec la conviction qu'aucun de ces noms n'était un mot neutre, comme *chaise* ou *table* – un nom était au contraire un mot détestant la neutralité, un mot ferme, unique, qu'on ne saurait confondre avec un autre –, c'était ce sentiment qui avait conduit Lenz à souhaiter et, en même temps, à redouter, la rencontre avec le frère de Julia, Gustav Liegnitz, dans la mesure où celui-ci s'appelait exactement comme son père, fait qui à lui seul signifiait à ses yeux que l'histoire entre les deux familles n'était pas terminée. La dernière cartouche n'avait pas été tirée, pensait-il. Même s'il lui semblait hautement improbable que se reproduise ce qui était arrivé par le passé.

Mais un nom propre, un nom de famille, qui se transmet à la génération suivante, n'était pas seulement un hommage à ce qui n'existe plus ou à ce qui, en principe, cessera d'exister le premier, c'était également la manifestation publique du fait que le travail était inachevé : à chaque génération, le nom de famille cherchait la meilleure position sur le champ de bataille. Position qui serait transmise en héritage – mais qui n'était jamais définitive. Le combat, quel qu'il fût, retardait toujours la dernière décision, et la fin technique de cette énergie historique serait simplement signalée par l'extinction d'un nom de famille.

L'alphabet comme façon d'aplanir le monde

2

Lenz avait un tel respect pour l'histoire des noms qu'il était révolté à chaque fois qu'il voyait le vocable Buchmann à sa place – à la lettre B – dans une longue liste, comme s'il n'était que cela, un mot qui commence par une lettre donnée.

Dans cet ordonnancement alphabétique, il voyait finalement une tentative de substituer à la force ancienne l'anarchie. En effet, il n'y avait pas de commencement rationnel, pas d'enchaînement logique. Aucune tour n'était érigée afin de servir de point unique de diffusion des premiers ordres. Tout se trouvait sur un même plan ; une machine, que conduisait peut-être un homme ivre, avait annulé toutes les différences de hauteur (et pas seulement) entre les nouveaux bâtiments, les ruines de quinze siècles, les jardins bien entretenus, les forêts n'appartenant à personne, les hommes, les femmes, les enfants et les vieillards, les handicapés, les fous, les mendiants, les riches, les chevaux et les lézards, les tables, les chaises, les livres, les musiques : tout avait été aplani et le monde était pensé comme s'il était fait d'un matériau unique, où les différences existeraient seulement pour que les noms aient une raison d'être et avec eux l'ordre alphabétique.

Mais Lenz Buchmann, lui, n'admettait pas de vivre sur un terrain égalisé, aplani.

Du danger sous la terre

De toutes parts pourra surgir ce que tu crains

1

Avec son père Frederich, Lenz avait autrefois visité les ruines de constructions vieilles de plusieurs siècles et il y avait décelé une grandeur dangereuse et une force qu'il voyait rarement dans les édifices modernes, conçus et bâtis en mobilisant les dernières technologies. Il y avait encore au milieu des ruines une mystérieuse circulation de forces.

Les ruines sont dangereuses, avait l'habitude de dire Frederich Buchmann à ses fils Albert et Lenz, *il y a encore des choses qui bougent dessous.*

Cette image était d'ailleurs revenue dans de nombreux cauchemars de Lenz. Celui-ci avait grandi avec la certitude qu'existait un autre monde, non pas celui des hauteurs – ce qui se trouvait par-delà ce que pouvait atteindre la vision –, mais celui des profondeurs – ce qui, menaçant, se trouvait sous ses pieds –, autrement dit dans une position privilégiée. En matière de stratégies militaires, on énonçait toujours l'évidence : attaquer l'ennemi par-derrière, à la rigueur en face à face si l'on est plus fort, et du dessus, bien sûr – celui qui se trouve au-dessus a l'avantage, on le sait depuis l'époque des châteaux forts. En revanche, on ne faisait jamais mention de l'ennemi venant de dessous : l'attaque *par-dessous* n'était pas considérée.

Le sol ferme et la terre noire, impénétrables, étaient des endroits où le combat humain n'avait pas lieu. On se battait à la surface de la terre comme on pouvait le faire à différentes altitudes et en appliquant des milliers de stratégies. Cependant, ce *sous la terre* avait toujours constitué pour Lenz un grand mystère, en même temps qu'il lui inspirait une grande peur : il constatait en effet l'incapacité des hommes à descendre jusqu'à ce champ de bataille, alors qu'il leur était relativement facile par exemple de s'enfoncer dans la mer.

Il avait également compris, et cela lui avait paru évident en visitant les ruines, que ce terrain n'était pas neutre : c'était là que se nichait la dernière force des éléments naturels, la force que la civilisation de la ville n'avait pas encore réussi à domestiquer. Et plus qu'un mystérieux dépôt d'armes, le sous-sol était la tour inversée d'où sortaient, ou pourraient sortir à tout moment, les grands ordres et la grande loi. Le commandement du véritable ennemi, en réalité, n'avait pas encore été atteint.

Si les hommes étaient sensés, ils n'admettraient pas que subsistent une seule pierre, un seul vestige des siècles passés, pensait Lenz : les ruines étaient dangereuses. Sous ces ruines, sous ce qui signait finalement l'échec d'une construction, se formait un espace approprié à l'essor d'une force maligne face à laquelle les hommes étaient sans mots et, pire encore, sans bouclier.

La malignité humaine, cette malignité civilisée, créait autour d'elle une sorte d'artisanat de la défense : Lenz n'aurait pas été étonné que l'épée et le bouclier de deux ennemis proviennent non seulement du même atelier, mais aussi du même morceau de métal, du même acier. Autrement dit : de la même force. La force se divise en deux, une partie nous défend et l'autre nous attaque.

Cependant, de la *malignité non civilisée*, celle pour laquelle il n'existait pas encore d'ordre alphabétique possible, de cette malignité souterraine, on ne savait rien : il n'y avait pas encore d'outils pour la façonner ou la transformer selon nos goûts. La malignité de la nature, qui trouvait dans le sol, sous les ruines, un terrain à l'humidité et à la dureté propices à sa croissance, était encore en phase de développement. C'était encore une enfant, cette malignité. Quand elle atteindra l'âge adulte, alors là, oui, pensait Lenz, elle sera notre grand ennemi.

Lenz Buchmann, disons-le, considérait certains hommes, peu nombreux, il est vrai, comme ses adversaires. C'est-à-dire : il les voyait en possession d'armes faites dans le même morceau de métal que la sienne. Malgré tout, jamais il ne s'était senti menacé comme lors de la visite qu'il avait faite, enfant, des ruines de ce que son père lui avait expliqué être un ancien centre de torture.

Aucune peur n'était venue de ce qui restait au-dessus du sol. Les vestiges de tel ou tel engin de torture n'avaient fait que provoquer les rires des deux enfants. Ces restes ressemblaient désormais à des jouets.

La peur était entièrement venue de dessous ; de ce que lui, son frère et même son père ne parvenaient pas à voir. Et c'était précisément cela la cause principale de la peur : ils ne parvenaient pas à voir.

Lenz Buchmann aimait être en vie, il était même fier de sa façon violente et non négociée de prendre possession de ses jours, voire des jours des autres, mais par moments il pressentait que quelque chose lui échappait, qu'il s'était lancé dans la mauvaise partie ou dans une bataille par laquelle il s'efforçait de défendre ou de conquérir des territoires qui dans le fond lui étaient indifférents. Dans ces moments-là, il sentait qu'il ne fallait s'interdire aucune option – absolument aucune – pour pointer l'arme qu'il tenait dans sa main. Il lui fallait pouvoir tirer dans toutes les directions, car lui-même pouvait être attaqué de toutes parts.

La rencontre avec Gustav Liegnitz

Un éclat de rire malvenu

1

Une date avait été arrêtée pour la première rencontre entre Lenz Buchmann et Gustav Liegnitz.

Lenz était prêt à tout. Il savait qu'il était impossible à la famille Liegnitz d'imaginer ce qui s'était produit pendant la guerre entre Frederich Buchmann et Gustav Liegnitz père. Mais Lenz ne respectait pas seulement les faits, il savait bien que certaines catastrophes naissaient de puissances qui croissaient dans l'ombre. Lenz considérait d'ailleurs que ces mouvements invisibles étaient semblables aux gestes qu'une personne peut faire, lorsqu'elle est face à quelqu'un, en cachant ses mains derrière le dos. Des mains extraordinairement visibles pour elle, même si ce n'est pas avec les yeux, et en même temps invisibles pour celui qui se trouve face à elle.

Les faits historiques, Lenz en était convaincu, l'histoire au sens le plus large, au-delà de ce qu'ils montraient, accomplissaient eux aussi une série de mouvements dans leur dos. Cependant, comme nous nous trouvons (hypnotisés) face aux événements historiques visibles, nous ne voyons pas les autres. C'était bien ce qui se passait dans ce cas précis. Les Liegnitz ne savaient pas ce qui s'était passé – quelque chose avait eu lieu dans leur dos –, mais il y avait des instincts, des pressentiments. Lenz n'avait pas peur mais, pour toutes ces raisons, il ressentait une sorte de respect tendu à l'égard du frère de Julia Liegnitz.

La fille, pensait Lenz, grandit pour donner une continuité à la famille, tandis que le fils est celui qui grandit – gagne des forces – pour venger son père. La fille grandit pour construire, le fils grandit pour détruire.

Le fils du soldat Gustav Liegnitz était donc un ennemi potentiel. Si d'aventure lui, le fils du soldat Gustav, savait lire ce qui s'écrit dans l'air de manière invisible lors d'une rencontre entre deux hommes, il proposerait sur-le-champ un duel et sans attendre saisirait une arme.

Cette rencontre était la synthèse historique de multiples événements survenus au fil des générations. Forces et faiblesses avaient été mélangées, pour donner ce bout de Buchmann et ce bout de Liegnitz. Du point de vue de Lenz, la grandeur acquise de manière inattendue par la famille Liegnitz n'était qu'empruntée et ne s'expliquait que par l'épisode au cours duquel elle avait croisé sa propre famille.

Néanmoins, cet épisode de la génération précédente avait conféré une autorité hors du commun à ce fils : il avait une légitimité historique suffisante pour être son adversaire. Il avait ce droit, qui allait bien au-delà de la loi : le *droit à la vengeance*.

Mon frère est différent, avait tenté d'expliquer Julia Liegnitz, mais Lenz l'avait priée de ne pas poursuivre. Je veux faire sa connaissance, avait dit Lenz, ne me dites rien de lui.

Lorsque Lenz Buchmann se leva pour saluer le frère

de sa secrétaire, que celle-ci venait de faire entrer dans son bureau, il eut une réaction d'une extrême indélicatesse qui, fort heureusement, n'avait pas été complètement perçue : spontanément, Buchmann avait éclaté de rire. Gustav Liegnitz était sourd-muet, il émettait des *mmms* informes et, comme l'expliqua Julia, sa perception auditive se limitait à quelques sons étouffés (Gustav Liegnitz n'était pas même capable de prononcer le nom de Buchmann). Jamais, pensa-t-il, cet individu ne pourrait être son adversaire.

Nouveau dialogue entre Buchmann et Kestner

Le lien brisé

1

Tous deux marchaient à travers les rues les plus animées de la ville comme ils l'avaient fait tant de fois ces derniers temps. C'était pas à pas qu'ils élaboraient leurs stratégies politiques. Sans le formuler explicitement, les deux hommes étaient intuitivement convenus que les conversations importantes auraient lieu pendant leurs promenades : en marchant, toujours en marchant. S'exprimait ainsi une sorte de foi : l'impulsion donnée à l'activité musculaire, après une transformation d'énergie plus ou moins mystérieuse, gagnerait leurs propres paroles. Les paroles prononcées dans le mouvement portaient immanquablement la marque de l'impatience, indispensable pour donner naissance à tout événement significatif. Lenz Buchmann et Hamm Kestner s'entendaient ainsi à la perfection dans les deux mouvements : celui de la marche et celui de la pensée.

– Nous sommes entourés de lâches, lança soudainement Kestner.

La ville, pressentait Kestner, commençait à avoir plus partie liée avec la mort qu'avec la vie. Il avait le sentiment que les masses, si on leur lâchait la bride, ne prendraient d'assaut aucun palais, mais s'enfuiraient plutôt vers le premier abri. Chaque révolution traduisait désormais une aspiration à plus de sécurité et non à plus de pouvoir.

À partir du moment, disait Kestner, où la compréhension et le dialogue s'étaient substitués à cette justice instinctive qui caractérisait certaines agglomérations humaines, à partir du moment où les criminels avaient commencé à être écoutés attentivement par des assemblées, avec des greffiers notant minutieusement tous les arguments de l'assassin, à partir du moment où les arbres les plus proches et les cordes les plus robustes avaient cessé de parachever sur-le-champ, là même où le crime avait été commis, l'exécution de la sentence populaire, plus rien ne pouvait inspirer de crainte.

Kestner esquissa un sourire. Lenz resta impassible. La communion d'idées était totale entre les deux hommes. Kestner était d'une rudesse extrême : autrement dit, il n'était pas naïf et ne jouait pas sur les mots pour laisser accroire qu'il l'était. Lenz Buchmann appréciait ce type d'hommes, de plus en plus rare. Qui plus est, tous deux avaient fait leurs les arguments les plus violents qui s'étaient imposés au monde en ce temps-là.

Lenz dit alors :

– Mon père répétait souvent que le lien qui jadis unissait le peuple aux rois avait depuis longtemps été brisé. À présent, entre les deux parties, ce qui prévaut, plus que de la peur, c'est de l'indifférence.

Un chef, pensait Lenz, pouvait faire décapiter un membre de chaque famille ou convier au bal la ville entière que la réaction serait peu ou prou la même.

S'enfuir vers la Bastille à cause de la pluie

2

Les deux hommes poursuivaient leur dialogue. Pour Kestner, la question était de savoir qui avait brisé ce lien, cette chose matérielle qui reliait les spectateurs au spectacle. À présent, continua Kestner, l'histoire passe devant ces gens sans qu'ils s'en aperçoivent. Ils adressent un signe aux événements comme à un nourrisson dans un berceau, compléta Lenz.

Le Parti avait donc une tâche urgente à accomplir.

– Il nous faut concevoir, dit Lenz, une sorte de cérémonie au cours de laquelle on pourrait de nouveau rapprocher et assembler les deux pièces du puzzle.

C'est que la passivité a ses avantages et ses inconvénients : si elle permet d'éviter que les imbéciles ne prennent à nouveau la Bastille (dit Lenz haut et fort) et ne conduisent des machines que de leurs mains trop malhabiles ils ne peuvent maîtriser, elle les empêche également (dit Lenz avec rudesse) de nous écouter attentivement. Ils sont sourds et muets, ce qui n'est pas bon si nous voulons engager un dialogue avec eux, conclut-il.

– Nous n'avons qu'à donner des ordres, nous n'avons nul besoin de dialoguer, commenta Kestner.

L'indifférence n'était pas sans danger. À court terme, elle pouvait être utile, mais avec le temps elle se ferait plus menaçante qu'un parti d'opposition, soutint Lenz. C'était une indifférence complète, absurde : personne ne contestait plus la moindre loi.

– Il n'y aurait guère qu'en renouvelant intégralement l'espèce, dit Kestner.

Une réflexion

Tout perdre : perdre la raison, perdre le contrôle

1

Lenz accordait une attention particulière à l'idée selon laquelle l'homme, en plus de constituer un concentré de livres, de science, de techniques et d'instruments – son cas personnel en était l'illustration –, avait également appris, au long des siècles, *à être un meilleur animal*, à être plus efficace pour satisfaire ses besoins organiques et instinctifs, la rationalité n'étant pas un trait essentiel de son comportement. Comme si en réalité, pensait-il, l'homme avait élaboré, en plus de l'histoire de la culture humaine, une seconde histoire, celle de la culture de l'espèce. Et cette partie de l'évolution de l'homme correspondait également à un cheminement qui permettait qu'une génération fût plus efficace que la génération précédente.

Entre lui et son père Frederich : Lenz était-il *plus cultivé* dans ses rapports à la faim, montrait-il une plus grande capacité à maîtriser son excitation sexuelle ?

Évidemment, il savait bien peu de choses des secrets de la vie de son père avec sa mère ou avec d'autres femmes – il devait certainement exister, tout comme chez Lenz, un second récit, un récit parallèle à celui de son mariage. Ignorant tout de cette seconde vie, il lui était impossible de faire de quelconques comparaisons.

En revanche, il avait pleinement conscience du dérèglement que provoquait chez lui l'excitation sexuelle. Tout ce dont il était capable lorsqu'il était excité sexuellement appartenait à un ensemble d'actions qui ne pourrait jamais s'accomplir entièrement en son nom, précisément parce qu'il y avait un déplacement de la propriété du corps. Lenz sentait qu'il prêtait ses membres et sa vigueur à une force parallèle à sa volonté, absolument étrangère à sa rationalité et à son intelligence, lesquelles lui valaient l'admiration de bien des gens. Ce qui se produisait lorsqu'il était sexuellement excité, son besoin d'être observé, son attirance pour un type d'individus qui très clairement n'appartenaient pas à son monde physique ou mental – des hommes ou des femmes frustes, des prostituées, des mendiants et même des fous, comme ce Rafa, à qui il avait souvent pensé ces derniers temps –, ce qui se produisait alors dans ces moments *où il était dépassé*, en vérité, c'est qu'il n'était plus celui qui agissait. Au contraire : *quelque chose agissait sur lui*. Dans ces instants – qui pouvaient très bien ne durer que quelques minutes, le temps que le sperme jaillisse –, il avait l'impression d'être modelable, tel un matériau qui par fragilité accepterait la forme qu'une force veut lui donner.

Il est évident qu'après coup, cette dilution de la volonté – cet état d'incapacité à prendre des décisions – provoquait chez lui un dégoût insurmontable. Toutes les personnes ayant pris part à de tels moments soulevaient chez lui, une minute après que tout fut consommé, la même nausée que le premier cadavre déchiqueté par une bombe qu'il lui avait été donné de voir, une nausée musculaire, irrépressible, qui outrepassait complètement le monde des causes et des effets, le monde des tableaux et des calculs, le monde des phrases, le monde de la bibliothèque qu'il avait héritée de son père. Il pénétrait dans cet univers grotesque et inexplicable dans lequel un chien grogne devant un enfant parce que celui-ci a manifesté de la peur, dans lequel un loup s'immobilise et qu'une tension énorme croît dans ses pattes, non pas parce qu'une attaque est imminente, mais parce qu'il s'apprête à déféquer ; dans ce monde matériel et immédiat où le sol, qui pourtant semblait ferme, engloutit entièrement la chaussure et le pied d'un homme. Tel était cet autre monde dans lequel il se sentait pénétrer lorsqu'il était excité : un monde qu'il ne comprenait pas, qu'il ne contrôlait pas.

La surprise que les éléments incontrôlés du monde provoquaient dans son corps l'écœurait et il observait alors son excitation, le dérèglement de sa morale et, pire que cela, de sa rationalité qui se manifestaient dans ces instants de la même façon qu'il observait depuis la fenêtre une tempête se déchaîner. Les actes qu'il commettait lorsqu'il était excité étaient aussi étrangers à sa volonté que l'apparition d'un éclair.

La nausée qu'il ressentait alors tenait, plus qu'à des raisons morales, à son obsession du contrôle. Il méprisait les personnes qui participaient à ces moments de désordre – sa propre femme et les marginaux à qui il assignait le rôle d'observateurs ou de participants –, car elles étaient complices de cette atteinte à sa volonté ; sa femme et les autres prenaient part à une révolte qui, même temporairement, le privait de sa capacité à contrôler autrui.

Même s'il était à l'origine de la coaction physique et psychologique, dans les minutes qui suivaient la retombée de l'excitation, Lenz regardait les participants et il lui venait alors le sentiment d'avoir obéi et non pas donné des ordres.

Lorsqu'il expulsait le clochard après avoir eu des relations sexuelles avec sa femme devant lui, il le faisait également sous le coup de la honte. Honte non pas d'avoir bafoué telle valeur morale, mais d'avoir manifestement manqué de force. Il savait que la domination qu'il exerçait sur les autres exigeait qu'il tienne un objet avec constance et fermeté ; or, il lui arrivait à certains moments de le poser, alors même que rien ne l'y obligeait.

Lorsqu'il était excité, il posait la raison et empruntait une autre voie, en obéissant.

Se saisir de l'intérieur des lois sans se brûler les doigts

Donnez-moi une raison de ne pas tuer les plus faibles

1

En dépit de la grande décontraction qu'il tentait d'afficher – en se montrant extraordinairement à son aise au contact des éléments les plus misérables de la ville –, Lenz ne laissait pas de se sentir embarrassé, voire menacé, lorsqu'il croisait dans la rue le clochard avec lequel il avait signé une sorte de contrat secret prévoyant une généreuse aumône contre sa position de voyeur.

Bien plus que lorsqu'il tombait fortuitement sur l'un de ses rivaux politiques ou sur un ancien collègue médecin à l'époque encore plus réputé que lui, Lenz se sentait en situation de duel lorsqu'il croisait en public le clochard, l'élément le plus faible de la ville.

Parfois, dans des périodes de moindre désir ou lorsqu'il oubliait l'utilité de ce clochard, Lenz en arrivait même à penser que la façon de résoudre ce problème – le malaise qu'il éprouvait à chaque rencontre – consistait à éliminer cet homme. Ce qui ne serait guère difficile, du reste.

Lenz souriait presque lorsqu'il pensait à l'impressionnante disproportion qui existait entre le danger qu'il y avait à faire tuer un homme comme celui-là, sans proches, sans aucune relation importante (cet homme n'avait personne à qui dire *bonjour !* au matin) et le danger, bien réel celui-là et considérable, de vouloir attenter à la vie de l'actuel président du Parti ou de son puissant ami Kestner.

La même loi s'appliquait à tous, et la ville et ses habitants en tiraient fierté. Néanmoins, il était évident que la loi la plus importante, la loi de référence, n'était pas celle exprimée dans ces phrases couchées sur le papier pour tenter de créer un équilibre entre deux hommes. Avait cours une hiérarchie pratique qui écrasait complètement la hiérarchie théorique que les lois tentaient d'imposer. D'ailleurs, c'était bien là le problème des lois, selon Lenz : elles ne s'imposaient pas, elles argumentaient. Les lois de la cité, en temps de paix, avaient remplacé les ordres par des arguments, comme si à la limite une bonne discussion pouvait suffire à convaincre un violeur d'aller en prison pendant six ans ou un assassin de se soumettre à la peine de mort, de son propre gré, en sortant de chez lui de bon matin afin d'arriver à l'heure convenue au pied du mur pour se faire fusiller.

Lenz ne faisait pas partie de ce monde. L'évidente facilité avec laquelle il ferait tuer un malheureux mendiant ou ce pauvre diable de Rafa sans que cela n'entraîne pour lui la moindre conséquence – les citoyens continueraient de lui adresser les mêmes salutations – le conduisait à nourrir un mépris radical pour l'idée même de loi.

Lenz ne pouvait s'empêcher de penser que même dans les sociétés les plus équilibrées et apparemment justes, les hommes puissants ne se retenaient de tuer un clochard dans la rue, au vu et au su de tous, de leurs propres mains ou avec une arme, que pour la seule raison qu'ils ne voulaient pas publiquement bafouer les lois du pays, puisqu'en quelque sorte c'étaient elles qui, pour certains détails, les protégeaient.

Le désir

Et une gêne

1

Lenz Buchmann sourit, prit une cigarette dans sa poche et l'alluma.

Le désir, évident, commençait à interférer dans ses pensées – une tache, agréable et désagréable en même temps, en train de croître.

Depuis déjà plusieurs semaines il ne s'était rien passé.

Il jeta un œil sur sa montre, en tentant d'oublier les maux de tête qui l'attaquaient avec insistance ces derniers temps. Qu'est-ce que ça pouvait bien être ?

Il se rappela qu'un rendez-vous quelconque était prévu à peu près à cette heure-là, mais cela n'avait plus guère d'importance, désormais. Il ne se souvenait même plus de quoi il s'agissait, au juste. Il était déjà à un autre niveau. À un autre palier.

Il se leva. *Rien à faire*, murmura Lenz Buchmann à part lui, *rien à faire*.

À cet instant, il n'avait déjà plus le contrôle de son esprit.

Il pensait à sa femme et à Rafa, le fou. C'était le fou qui, à présent, commandait dans la tête du Dr Lenz.

Brèves considérations sur Gustav Liegnitz

Un sourd-muet n'est pas toujours aimable

1

À la suite de sa première entrevue avec l'homme politique de premier plan qu'était Lenz Buchmann, le supérieur hiérarchique direct de sa sœur Julia, Gustav Liegnitz vit son existence changer radicalement. Grâce à l'influence expresse de Buchmann, il trouva un emploi adapté à son handicap et très bien rémunéré. En outre, il monta rapidement de deux échelons dans la hiérarchie de la structure qu'il venait d'intégrer, au mépris des règles strictes qui y avaient cours en matière d'avancement.

Le fait d'être protégé de manière explicite, nullement camouflée, par l'important Dr Buchmann – qui était même venu lui rendre visite une ou deux fois sur son lieu de travail – entraîna également une modification complète de ses relations avec son entourage.

Gustav Liegnitz n'était doté d'aucune qualité exceptionnelle. Il était sourd-muet de naissance, le plus jeune fils d'un soldat « mort au combat ». Son père, fort heureusement, disaient certains, à cause des déficiences de son fils, n'avait même pas eu le temps de le connaître. Si l'on excepte les marques de compassion habituelles qu'inspire un sourd-muet, il n'avait jamais reçu, au long des années, d'authentiques témoignages d'affection. Du reste, avant le changement important ou plutôt la césure qu'avait provoquée la rencontre avec Lenz Buchmann, le jeune Liegnitz était considéré comme paresseux, ombrageux et d'une intelligence médiocre.

D'abord extrêmement soupçonneux lorsqu'on le sollicitait au quotidien, il était par la suite devenu obscènement servile à l'égard des puissants. Ces défauts du jeune Liegnitz, parmi tant d'autres, s'étaient toutefois rapidement dissipés après le changement survenu dans sa vie. Il était désormais un protégé de celui dont on parlait déjà comme le possible vice-président du Parti, dans le cas où son ami et allié Hamm Kestner remporterait les élections auxquelles il se présentait.

On entra ainsi, de manière naturelle, dans une période où les gens se disaient entre eux : « Intéressant ce jeune Liegnitz, en dépit de ses problèmes il a réussi à développer une grande capacité de travail. » Des banalités de ce genre se multipliaient.

Néanmoins, cette phase ne dura que quelques mois. Il fut bientôt rattrapé par le mauvais œil.

Le caractère désagréable de Gustav Liegnitz se révélait à présent d'une autre manière, car celui-ci était désormais en position de force et non plus en position de faiblesse, comme auparavant. Sa personnalité était plus visible et plus imposante. Le jeune Gustav Liegnitz, sourd-muet de naissance, protégé de Lenz Buchmann, devenait chaque jour plus insupportable aux yeux de ses collègues de travail.

Le sourd-muet Gustav Liegnitz avait une autre particularité mal connue : il était très ambitieux. S'il avait pu parler, c'eût été une évidence pour tout le monde depuis longtemps. Mais ce n'était pas le cas.

Le fou fait son apparition là où il ne faut pas

Un matin, au siège du Parti

1

Un épisode qui perturba le travail du Parti, même s'il fut sans conséquence majeure.

Lenz Buchmann se trouvait assis à sa table de travail et, dans un de ces moments qu'il se réservait parfois, était en train de lire. Des cris commencèrent toutefois à le déranger. À l'instant même où il leva les yeux de son livre, sa secrétaire, Julia Liegnitz, ouvrit la porte de son bureau.

– Je vous prie de m'excuser, docteur. C'est ce fou, Rafa. Il dit qu'il veut vous parler. Qu'il est votre ami. Que soi-disant vous vouliez vous entretenir avec lui. Il est dans le hall, en train de pousser des hurlements.

– Dites-lui de monter. Oui, parfaitement. Et ne faites pas cette tête-là. Qu'il monte. Je veux lui parler en effet. Et alors ? Qu'est-ce que c'est que ces histoires ? Faites-le entrer et qu'on mette fin à cette agitation. Ensuite vous fermerez la porte. Je veux être seul avec lui.

Julia Liegnitz resta sans mot dire quelques secondes. Avant de répondre :

– Il n'est pas possible de le faire monter. M. Kestner a déjà appelé la police. Ils sont en bas.

Il est préférable de voir du dessus plutôt que d'être tiré vers le bas

2

– Lenz, je vous ai dit je ne sais combien de fois d'arrêter avec ça. Comment est-il possible qu'un individu de ce genre pénètre dans nos locaux ? Ne vous approchez pas de ces gens.

Cet épisode presque insignifiant avait notablement contrarié l'ami et allié Hamm Kestner.

Lenz répondit :

– Mais vous étiez d'accord pour dire que des types comme ce Rafa inspiraient plus confiance que la plupart de ceux qui nous entourent.

– On ne va pas se raconter d'histoires, coupa Kestner, on se connaît suffisamment. Je sais que vous avez une attirance pour ce genre de personnes, et ça n'a rien à voir avec votre générosité politique, mon cher, vous le savez aussi bien que moi. C'est plus profond et plus personnel. Je ne veux pas me mêler de votre vie privée, en la matière vous pouvez faire ce que bon vous semble, mais ici non. Ce n'est bon pour aucun de nous. J'ai besoin de vous, Buchmann. Je vous demande de ne pas faire de bêtise, pensez à nous, pensez à ces gens qui baissent d'un ton dès qu'ils vous voient. Ne prenez pas le risque de perdre ce que vous avez déjà gagné. Par ailleurs, j'ai entendu dire que vous donniez des sommes importantes aux Liegnitz. Cela ne me semble pas indiqué. Ça fait déjà jaser. On insinue que Julia serait votre maîtresse. Nous sommes tenus de conserver une certaine dignité, Lenz.

Lenz se leva.

– Il n'y a absolument rien entre Mlle Liegnitz et moi. Je ne prendrais pas ce genre de risques. Et, mon cher Kestner, inutile de poursuivre. Ne vous fatiguez pas. Je vous ai bien entendu et suivrai vos conseils. Ne vous en faites pas. Je sais que nous poursuivons tous deux le même objectif. Alors en avant.

Quoi qu'il en soit, précisons que la rumeur faisant de Julia la maîtresse de Lenz était totalement infondée. Certes, Lenz Buchmann, quelques mois seulement après l'entrée en fonction de sa jeune secrétaire, avait bien tenté une petite approche, qui aurait probablement été la première d'une longue série. Mais Julia Liegnitz, avec la délicatesse qui la caractérisait, avait fait mine de ne pas comprendre et courtoisement coupé court à toute tentative. Et les choses en étaient restées là, une fois pour toutes. De simples rumeurs, donc.

Quant au fou, on lui fit quitter les lieux, il ne pouvait en être autrement : il s'agissait du siège du Parti.

Indices de l'apparition d'une nouvelle civilisation

N'écoute pas ce que disent les prêtres

1

Des élections décisives approchaient et la mise à l'écart de l'ancien président du Parti avait soudainement aiguisé l'appétit de plusieurs candidats. Cependant, ils ne partaient pas tous sur un pied d'égalité.

Dans la ville, plus personne ne se risquait à spéculer sur la longévité politique et l'influence de Lenz Buchmann. Il n'avait plus le statut qu'on accorde à certaines catastrophes ou à certaines apparitions. En quelques années, voire en quelques mois, il était devenu bien autre chose qu'un phénomène qui reste dans les mémoires. Lenz était déjà le célèbre propriétaire de cette main droite qui détruit pour ensuite construire à sa manière ; et en tant qu'adjoint du principal candidat, Hamm Kestner, il avait déjà pris le contrôle des explosifs (immatériels) qui terrorisaient et imposaient le respect. En bref : sa présence mobilisait les attentions. Au passage de cet homme politique important, chacun joignait les talons et tâchait de devenir le plus compact possible en bandant les muscles du dos – adoptant ainsi une posture de soldat sans que l'on fût en temps de guerre.

Buchmann, soit dit en passant, attirait bien plus

l'attention sur sa personne que Kestner lui-même, ce qui tenait à son esprit brillant et à la façon dont il savait allier une autorité pratique à une culture exprimée par des formules fortes. C'est lui qui avait suggéré l'idée maîtresse de la campagne de Kestner : « Il faut forcer le mouvement. » Ce « mouvement forcé » devint rapidement une espèce de mot d'ordre que les hommes se transmettaient les uns aux autres.

La cité restait encore exclusivement attachée à un développement spatial, fascinée par le mètre carré et par ce qu'il était possible de construire à l'intérieur. Buchmann, dans ce contexte, était parvenu à lancer l'idée selon laquelle l'espace est l'affaire des lâches et que c'était le mouvement qui importait. Il s'agissait, pour commencer, de mettre à bas l'idée que c'était la construction en hauteur qui imposerait sa marque au siècle.

La construction en hauteur, pour Lenz, était synonyme de renoncement. Contrairement à ce que nombre de gens défendaient, Lenz affirmait que l'homme connaissait déjà le ciel. L'instinct de l'Église qui tente de s'élever pour atteindre un point très haut que jamais personne n'a vu et qui lors de véritables catastrophes n'a jamais protégé quiconque, cet instinct avait contaminé la cité, de sorte que celle-ci avait cherché à prendre de la hauteur au lieu d'avancer. Or, on n'avance pas à la verticale *mais seulement au ras du sol* : c'est pourquoi Buchmann rangeait le mouvement et la vitesse parmi les grandes richesses de l'homme. De cette façon, la curiosité des masses, au lieu de se porter sur *l'autre côté*, sur des lieux inconnus et magiques – « l'au-delà de la mort », « le ciel », « l'enfer » –, devrait plutôt se concentrer sur ce qui existe et dont l'existence même a pour preuve la possibilité d'être mis à terre. Tout ce qui ne peut pas être détruit n'existe pas, affirmait Buchmann, et les églises, elles, existaient, c'était un fait. Mais *laissons-les*, disait Buchmann, *elles ont des armes qui ne tirent qu'après nous avoir entendus*. Dieu, quant à lui, ne pouvait être mis à terre. D'où le pouvoir qui était le sien.

Il ne s'agissait pas d'un édifice, l'Église n'avait pas été construite par des hommes assez stupides pour dire : cet édifice est notre Dieu. Ils savaient bien qu'un édifice bâti au cours d'un siècle où n'existe pas encore la technologie capable de le mettre à terre, s'il survit, finira par être mis à terre par les armes plus performantes du siècle suivant. Les hommes ne parviendront jamais à flanquer à terre un édifice qui n'a même pas été construit. Pour Lenz, là était l'astuce.

Cependant, Lenz Buchmann savait interpréter les indices que transmettait la civilisation, de la même façon qu'il avait appris à interpréter les traces que le gibier laissait derrière lui dans la forêt. Il s'était très tôt aperçu que le système de crédit que la cité avait créé autour de Dieu commençait à s'épuiser. Les citoyens les plus sensés ne voulaient plus prêter la moindre misérable piécette à qui n'avait pas rendu ce que les générations précédentes avaient placé sous sa garde, constituant de la sorte une espèce d'épargne morale dans laquelle elles pensaient pouvoir puiser plus tard.

En imaginant qu'ils étaient une compagnie de soldats, il n'était pas difficile de deviner qui ils désigneraient à présent pour être l'homme de tête, le commandant, si on leur laissait choisir entre un prêtre et un bon stratège militaire. Même si ce général était l'être le plus immoral qui fût, même si chacun de ces soldats redoutait de se trouver seul à seul avec lui, même si ce stratège avait la réputation d'être une crapule, tous se sentiraient néanmoins plus en sécurité en entendant ses paroles. Les paroles du prêtre, dans un tel contexte, ne provoqueraient qu'éclats de rire.

Non pas la totalité : un bras du monde

2

Frederich Buchmann avait transmis à son fils l'idée que la vie ne pouvait atteindre à la grandeur que dans des circonstances où rien ne comptait plus que le besoin de tuer pour ne pas mourir. Besoin de tuer, comme dans d'autres situations le citoyen paisible a absolument besoin de manger ou de dormir. Le fait de considérer l'acte de tuer comme un acte nécessaire, et non pas seulement possible, révélait, d'après Frederich Buchmann, chez l'homme qui prenait une telle décision, la dimension la plus universelle de sa raison – la moins spécialisée, donc.

Lenz Buchmann avait d'ailleurs récemment choqué un dévot en lui disant, non pas sur le ton de qui veut choquer mais plutôt à la manière de quelqu'un qui transmet une information presque anodine à une personne qui rentre tout juste d'un séjour à l'étranger, Lenz avait donc dit que l'âme dont parlait l'Église était une chose que seuls les spécialistes pouvaient comprendre et voir ; et on a donné à ces spécialistes, avait dit Lenz, le nom de croyants, le plus respecté qui soit au plan moral. Mais il ne s'agissait guère que d'un détail technique, qui concernait une nouvelle profession

– celle de croyant – et non pas des questions morales comme on essayait de le faire penser. Disons que l'âme, avait poursuivi Buchmann sur le même ton provocant, qui n'est reconnue et travaillée que par des spécialistes, est un objet spécifique, loin de tout embrasser. Elle n'est faite que d'une partie du monde – comme un homme qui n'aurait qu'un bras ou même comme un bras amputé qu'on verrait sur le bord de la route.

À l'opposé, pensait Lenz, toutes les choses du monde sont animées du même mouvement instinctif, mouvement de survie, de résistance personnelle, privée : les animaux, bien sûr, mais aussi les plantes qui en surface ont l'air paisibles et indifférentes à leur propre destinée, quand sous terre elles cachent leur quête obsessive de l'eau. Cet instinct est universel, il n'est pas la propriété exclusive de quelque corporation que ce soit, il n'est pas le fait de croyants, précisément parce qu'il ne saurait exister de catégorie de non-croyants, expliquait Lenz. Chacun est impliqué, chacun a été appelé.

Tel est bien le souffle qui a parcouru et qui parcourt encore le monde : défends-toi, tue, si nécessaire, fais tout pour assurer ta survie ; pas moyen d'y échapper, toutes les actions sont possibles et toutes sont bonnes si elles permettent d'atteindre cet objectif.

Des spécialistes effrayés par un universaliste

3

Votre âme est faite pour les spécialistes, répétait Buchmann à l'un des prêtres, proprement stupéfait par le franc-parler de cet homme puissant.

Buchmann savait pertinemment qu'il avait besoin des prêtres et il avait compris le point essentiel pour les dominer. La stratégie était simple : les effrayer, ces prêtres, lorsqu'ils se trouvaient seuls. Un homme – Lenz Buchmann – face à un prêtre, sans témoins et sur un terrain considéré comme sacré pour l'Église, tel était le dispositif ; il était fondamental que la menace soit proférée sur le terrain de l'adversaire, afin qu'il comprenne bien de quel côté se trouvait la force.

C'était la peur qui mobilisait, c'était la peur qui rendait visible le seul instinct universel, qui n'excluait personne. Il n'existait rien qui ne soit tourné vers elle, ou qui ne désire l'être, à la manière de certaines plantes qui cherchent la meilleure position pour capter la lumière, en l'occurrence une lumière noire.

La peur exigeait de la part de toutes les choses organiques un engagement, un repositionnement, une attention, une préparation au mouvement décisif.

Et le prêtre, un de plus, était déjà mobilisé, là devant

lui, mobilisé pour la grande idée politique de Lenz Buchmann, sur laquelle reposait toute la campagne de Kestner, le candidat à la présidence du Parti.

Ce fut donc une énorme satisfaction pour Buchmann lorsqu'au terme de ce que le prêtre considéra comme un « dialogue fructueux », celui-ci lui serra la main en déclarant : « Vous pouvez compter sur moi, je ferai mon possible pour exercer mon influence. »

Il avait fait mieux que mobiliser un ennemi pour combattre dans ses tranchées, avec sa propre arme, autrement dit avec l'arme qui arborait encore les symboles de son ancien camp. Avec une fiabilité bien plus grande que celle garantie par n'importe quel contrat – car il le faisait sous le coup de la peur –, l'ennemi avait accepté de devenir son allié. C'était là une importante victoire dans la campagne que menait le Parti.

L'importance de l'électricité

4

Buchmann et Kestner lui-même ne voyaient pas à proprement parler l'Église et les prêtres comme leurs ennemis.

L'Église n'avait plus la même force qu'autrefois. Les pierres sacrées, dont la publicité de l'Église disait qu'elles renfermaient l'énergie incorruptible des premiers temps, étaient depuis longtemps recouvertes de calicots fabriqués par les machines les plus modernes, de tissus faits non pas pour durer un siècle, mais pour briller intensément quelques mois seulement.

L'Église s'était transformée – ou avait laissé le monde le faire pour elle – en une simple association, comme il en existait non par centaines mais par milliers dans le pays.

Les hommes avaient toujours eu la faiblesse de s'associer, de se rapprocher, en faisant comme lors des véritables périodes de guerre pendant lesquelles le regroupement des forces ne naît pas d'une formulation théorique – un ensemble de statuts –, mais bien de la sensation que la matière immédiate (ou la mort) les soumet à une épreuve qu'ils sont incapables de traverser seuls. L'Église comptait des membres – et, comme dans tout rassemblement, certains membres se contentaient d'honorer leurs obligations formelles tandis que pour d'autres la vie se confondait avec les projets du groupe –, au même titre que l'Association des pompiers ou l'Ordre des avocats ; même les anciens combattants avaient leur association, par nostalgie peut-être des grandes réunions mortelles que constituaient les batailles réelles.

L'Église n'était capable que d'une mobilisation limitée et la résistance qu'elle pourrait éventuellement opposer serait modeste. Si les croyants ou les prêtres eux-mêmes faisaient grève, cela serait bien moins important et visible dans une ville qu'une grève des plombiers ou des électriciens. Le bon approvisionnement en eau ou en électricité était devenu, pour le quotidien, bien plus indispensable que le bon approvisionnement en souffle divin.

Le rôle des enfants

5

Lenz Buchmann avait déjà évoqué le sujet avec Kestner : l'Église, de fait, n'était plus un élément à combattre. De même qu'il n'était pas décisif de s'allier avec elle. Il existait dans le monde un mur dont l'emplacement et la hauteur permettaient à des hommes décisifs – tels Buchmann et Kestner – de se hisser à son sommet et d'occuper ainsi une position stratégique pour surveiller ou pour faire feu.

Que représentait donc l'Église pour ces deux hommes forts ? Un enfant, dont la force n'a rien d'indispensable, à qui le tireur demande de l'aide par seul souci de ne pas le laisser de côté. L'enfant, heureux de pouvoir enfin se montrer utile (s'agissant de l'Église, en raison de son histoire, il faudrait dire *encore*), joint ses mains afin de faire la courte échelle au tireur. Les quelques secondes que l'enfant, au prix d'un effort considérable, lui permettra de se tenir en hauteur suffiront au bon tireur pour que celui-ci, par-dessus le mur, vise au mieux et fasse feu.

– Mon ami, avait lancé Buchmann au terme de l'une de ses visites, je vous considère comme un fils. Je vous respecte comme tel.

Le prêtre l'avait alors remercié en s'inclinant. Buchmann savait que cette humiliation obtenue en privé valait bien plus que de tentantes humiliations publiques.

– Nous sommes du même bord, s'étaient dit les deux hommes, en se serrant la main.

Ils étaient du même bord, certes, mais ce n'était pas Buchmann qui tenait le rôle de l'enfant.

Comment chasser le gros gibier ?

Distance et compétence

1

Si la lucidité de Lenz Buchmann était inscrite dans ses gènes, c'est en exerçant la médecine qu'il avait appris à garder une certaine distance par rapport à la souffrance d'autrui, distance que d'aucuns pouvaient considérer comme une *incapacité à l'empathie*, voire comme de la *perversité*. Mais on pouvait tout aussi bien estimer qu'il s'agissait de pur professionnalisme.

Les sentiments ne doivent pas ankyloser le bistouri, disait Lenz, qui considérait que la compétence devait s'exercer en toute objectivité, ce qui présupposait une prise de distance, un éloignement entre l'objet à sauver (ou à tuer) et le sauveur (ou le bourreau). Une trop grande proximité était le signe d'une incompétence professionnelle – c'est ce que Buchmann, à l'époque où il était médecin, avait enseigné à ses jeunes stagiaires. Toutefois, ce qu'il ne disait pas alors, et ce qu'il avait désormais le courage d'ajouter, c'était qu'une trop grande proximité révélait également une incompétence morale. Un médecin ne pouvait agir correctement que s'il tenait à distance la souffrance du patient ; la bonne action, l'action morale, c'était l'action que l'on accomplissait en faisant preuve de compétence.

Un médecin plein de bons sentiments, mais avec une main droite qui tremble, n'est pas un médecin respectable, ni même un homme respectable : il sera maudit jusqu'à la fin de ses jours par la famille du patient qui aura à souffrir dans sa chair des conséquences d'*un écart coupable de son bistouri*.

Éloge de la lenteur

2

Au fil des longues conversations qu'entretenaient Lenz Buchmann et Hamm Kestner, la question de savoir de quelle façon mobiliser la cité était devenue centrale. Lorsque Lenz avait suggéré l'expression *mouvement forcé*, il avait dès le départ exprimé très clairement deux présupposés : s'ils ne sont pas véritablement sous l'emprise de la peur, les gens ne se mobilisent pas de manière significative ; et, une fois mobilisés, il est nécessaire que quelque chose les poursuive, quelque chose qui ne s'arrête pas. La difficulté, dit Lenz, c'est de transmettre à chaque homme la sensation que, même au fond d'une cellule exiguë, il conserve une capacité de contrôle sur le monde qui est le sien.

Dans le livre qui avait guidé une bonne part de son existence et qui provenait de la bibliothèque de son père, Lenz Buchmann avait trouvé cette phrase qui, tant dans son activité de médecin que dans celle d'homme politique, définissait sa conduite et qui l'avait troublé dès la première lecture : « La peur est le mystère que la vitesse recèle. »

Il était intéressant de noter que cette phrase avait orienté sa carrière de médecin dans un sens et guidait désormais sa pensée politique dans le sens opposé. En tant que médecin et tout particulièrement au moment de ses interventions chirurgicales, ce que lui disait cette phrase – « la peur est le mystère que la vitesse recèle » –, c'est qu'il était impératif d'imposer de la lenteur à ses mouvements professionnels.

Intervenir sur de minuscules tissus de l'organisme, quasiment les toucher de la pointe du bistouri cellule par cellule, séparer avec sa lame les parties noires des autres : c'était un métier qui requérait une patience infinie, une lenteur telle que, de l'extérieur, on pouvait la confondre avec l'immobilité absolue. D'une certaine manière, lorsque le Dr Lenz opérait, il était comme immobile, puis cette immobilité, presque imperceptiblement, se changeait en mouvement.

Le chirurgien compétent qu'était Lenz Buchmann, lorsqu'il était occupé à ses *tâches individuelles*, avait précisément pour ennemi la vitesse. Un chirurgien n'allait vite que s'il avait peur ; ne veut en finir au plus tôt que celui qui n'a pas pleinement confiance dans ce qu'il fait, celui qui redoute d'échouer.

Il avait très vite compris qu'en dépit de l'inertie il était bien plus facile de mettre quelque chose en mouvement que de parvenir à ce que cette chose en mouvement ne s'arrête pas.

Mais les temps avaient changé et la tâche de Lenz Buchmann ne consistait plus à agir selon la modalité *un pour un*. Dans la direction opposée – *un pour beaucoup* –, il avait atteint une amplitude rare et à mesure que les mois passaient, ce *beaucoup* ne cessait de croître et ce *un* se concentrait autour d'un noyau, avec l'intensité hors du commun qui s'acquiert lorsqu'on poursuit un unique objectif. Il sentait tomber, peu à peu, les extrémités, ce qui se trouvait aux limites, dans les marges. Ces « parents éloignés », raisonnements ou projets mineurs, étaient progressivement abandonnés par Buchmann, et la masse centrale se densifiait de plus en plus autour de cette idée : accroître son pouvoir à partir de la mise en mouvement forcée des individus.

Les circonstances avaient changé du tout au tout, mais la phrase – « la peur est le mystère que la vitesse recèle » – n'avait rien perdu de sa pertinence. Désormais, cependant, elle s'appliquait aux actions des autres.

Pas pour l'instant

3

Suspendre était le verbe du pouvoir par excellence, de l'empereur qui peut en pointant son pouce vers le bas ordonner l'exécution d'un captif, mais au dernier moment décider de suspendre son geste. Non pas qu'il regrette, il va juste prendre le temps de réfléchir. C'est le *pas encore*, ou le plus redoutable encore : *pas pour l'instant.*

Ce *pas pour l'instant*, Lenz en avait pleinement conscience, avait à l'évidence une plus grande portée qu'une simple exécution définitive ; il pouvait placer une cité entière sous son contrôle.

Si, avec Kestner, Buchmann remportait les élections au sein du Parti, il aurait l'autorité nécessaire, en tant que vice-président, pour utiliser le *pas pour l'instant* en n'importe quel endroit de la ville. Qu'il ne reste pas un abri, pas un refuge où se soustraire aux effets de cette phrase prononcée par Lenz Buchmann, pensait-il à part lui ; et il ne disait pas autre chose à Julia Liegnitz, avec qui il avait instauré des rapports de confiance dignes de deux complices, qui avaient depuis longtemps dépassé le niveau médiocre de la relation contractuelle qui le liait à sa femme.

Cet homme a le pouvoir de dire *pas pour l'instant* ; c'était de cette position que Lenz Buchmann voulait s'emparer.

Deux peurs

4

Ce qui étonnait le plus Buchmann, c'était la façon dont la peur et la vitesse, à un moment donné, se mélangeaient au point qu'il devenait impossible de distinguer l'une de l'autre. On se trouvait face à une nouvelle substance – comme lorsque l'hydrogène et l'oxygène donnent naissance à la molécule de l'eau –, une substance (peur/vitesse) plus explosive que la dynamite.

Ou peut-être pour être plus exact : la grande mèche du monde, car ce mélange en lui-même n'exploserait pas, il conduirait à la grande explosion. Nous serons d'autant plus forts, disait Buchmann à Kestner lors de leurs échanges en matière de stratégie, que nous parviendrons à diffuser ce mélange au sein de la population : mouvement rapide et terreur. Ne pas laisser les gens s'arrêter pour qu'ils ne cessent d'avoir peur. Ne pas cesser de les effrayer pour que jamais ils ne s'arrêtent.

Cependant, il existait deux peurs et non une seule. La première peur arrachait les choses à leur immobilité et la seconde, plus puissante, maintenait les choses en mouvement. Lorsque dix mille personnes d'une ethnie déterminée, sans protection, pour l'essentiel des vieillards, des femmes et des enfants, s'enfuient en apprenant la terrible nouvelle de l'avancée de l'ennemi, ce premier mouvement d'abandon de leur terre natale est impulsé par une première peur. Mais ce qui fait que ces déplacés, après avoir parcouru à pied deux cents kilomètres, avancent encore le plus vite possible, en oubliant déjà les plus faibles et ceux qui commencent à défaillir, c'est la seconde peur, la plus puissante, celle qui maintient en mouvement ce qui l'est déjà depuis longtemps. Cette seconde peur est si forte qu'elle permet de vaincre l'extrême épuisement : la nuit tombe, mais personne n'entend se reposer.

L'exemple de la chasse

5

À ce sujet, Lenz se remémorait ses parties de chasse. Lorsque le lièvre le repérait et commençait à fuir, passant de l'immobilité insouciante à une course grotesque et désordonnée : c'était la première étape, la première terreur s'était emparée du lièvre. Le bon chasseur – et Lenz Buchmann s'enorgueillissait d'en être un – ne renonce pas en voyant le lièvre ainsi détaler. Le bon chasseur continue, à pas lents, sans courses inutiles (une certaine lenteur alliée à une orientation idoine de ses bottes, voilà ce qui caractérise le bon chasseur). Il progresse donc doucement, mais d'un pas décidé, en transmettant l'information qu'il maîtrise la situation, ce qui sera d'une manière ou d'une autre ressenti par le gibier. C'est ainsi que le bon chasseur poursuit et, en à peine deux ou trois foulées bien orientées au milieu de la forêt, il parviendra à instiller chez le lièvre en fuite cette seconde peur, cette peur décisive. Et ce sera dans cette peur que le lièvre puisera le carburant nécessaire pour poursuivre à grande vitesse, mais une vitesse à présent désorientée, sans objectif, qui rappellera parfois celle des souris qui, enfermées dans une cage, font tourner une roue par le mouvement de leurs pattes ; des mouvements très rapides, mais qui relèvent d'une catégorie que l'on pourra désigner ainsi : *vitesse de celui qui ne veut pas tomber*, si différente de la *vitesse de celui qui veut avancer*.

Ce n'était qu'au moment où il savait qu'il avait réussi, grâce à son statut de chasseur, à instiller cette seconde peur chez le lièvre, que Lenz Buchmann était certain que l'animal ne lui échapperait plus. L'expérience tirée de ces longues années de chasse lui avait appris que cette seconde terreur, contrairement à la première, produisait sur le gibier des effets illogiques et quasiment suicidaires. La première peur, étant instinctive, conduit le gibier à fuir en s'éloignant du chasseur ; n'importe quel être vivant doué d'un minimum d'intelligence ferait de même. En revanche, la seconde peur, en pénétrant dans l'organisme pourchassé, désorganise entièrement le système stratégique que développent tous les êtres vivants et peut très bien provoquer un mouvement circulaire qui se terminera stupidement à cinq mètres de l'arme du chasseur.

D'ailleurs, c'était bien le sens véritable qu'il donnait à l'idée de forcer le mouvement des choses. Ce mouvement forcé, né sous le coup de la peur, était un mouvement en trop, qui perturbait complètement les facultés de positionnement et d'orientation du corps, et qui permettait à celui qui commandait de faire ce qu'il voulait du fuyard.

Ce moment où le lièvre vient stupidement s'arrêter devant lui, c'est bien le moment où se révèle l'authentique chasseur. Il est très bref, mais si le chasseur l'a anticipé, alors il aura face à lui ce qu'il cherchait. Le chasseur n'est plus dans la position de celui qui attaque, mais dans la position de celui qui exécute : l'arme est déjà levée, le lièvre se présente devant lui, vient alors le tir bien ajusté. Une fois de plus, le chasseur aura utilisé à son profit ce terrible mystère venu se nicher dans le cœur du fuyard.

Voilà comment on doit procéder avec le lièvre, pensait Lenz, et voilà comment on doit procéder avec les gens.

Encore une mise en garde ignorée

6

Lenz Buchmann, seul dans son bureau, au siège du Parti, esquissa un sourire.

Toute sa vie d'avant, tout le travail qu'il avait accompli à titre professionnel ou lors de dimanches que les autres avaient passés à paresser, tout cela semblait prendre sens ; un sens unique, qui se concentrait dans le centre de l'organisme et attendait, tel un prédateur immobile et silencieux, prêt à bondir. Ou qui attendait tout simplement comme le ferait la phrase *pas pour l'instant*, en accumulant des forces.

Lenz Buchmann attendait, certes, mais il n'entendait pas rester indéfiniment dans cet état de suspens. Buchmann avait hâte de connaître ce moment où, face aux attentes de la foule, il allait diriger, lentement, en ayant conscience des conséquences pratiques de son geste, le pouce vers le bas, comme le faisaient les empereurs de l'Antiquité.

Tout évoluait, dans le monde extérieur, conformément à ses prévisions. Et la position de Lenz Buchmann dans le monde aurait été idéale sans ces violents maux de tête qui l'attaquaient à présent avec insistance, surgis d'un territoire inconnu qui se trouvait certainement en lui, mais dont il n'avait aucunement la maîtrise.

Malgré ces très intenses douleurs qu'il ressentait au niveau du crâne, malgré cette mise en garde, Lenz Buchmann restait absorbé par l'entretien du mécanisme de ses armes et la définition de ses cibles.

Spectateurs et spectacle

Combien sont de ton côté ?

1

Ce qui le fascinait chez les gens étranges, qu'ils se soient volontairement dévoyés ou qu'ils aient été rejetés par leur entourage, c'était l'absolue liberté avec laquelle ils faisaient leurs choix individuels. Chez le fou ou le mendiant qui erraient dans les rues en demandant du pain et de la soupe et qui, le soir venu, comme les autres humains, n'aspiraient qu'au sommeil, Buchmann voyait des hommes pouvant choisir, avec une liberté pure et sans conséquence, leur morale individuelle. Une morale à nulle autre pareille, sans équivalent aucun.

Qui irait blâmer un mendiant ou un fou pour sa « vie immorale » ? Ils étaient déjà, par leur différence, porteurs d'une charge d'immoralité universelle et profonde qui rendait négligeables les petites immoralités dont ils pouvaient se rendre coupables par ailleurs.

Un fou n'était pas immoral, un mendiant non plus. C'étaient des individus sans égal, de même qu'un roi n'a pas de pair, n'a *personne à ses côtés*. C'est pourquoi il n'existait pas plus pour ces réprouvés que pour les puissants de critères de comparaison.

Buchmann regardait avec admiration ces hommes

qui avaient dans leur poche un système juridique unique, avec leur nom à la fin.

D'une certaine manière, c'était cela que Buchmann désirait : être le héraut d'un système légal dont les lois ne s'appliqueraient qu'à lui, d'une morale qui ne serait ni celle du monde civilisé ni celle du monde primitif, qui ne serait pas la morale de la cité ni même celle de sa famille, mais une morale qui porterait son nom, rien que son nom, inscrit à son fronton.

Qui choisis-tu comme spectateur ?

2

Les instincts intimes qui séparent le bien du mal ou, plus précisément, le système légal interne, personnel, privé, n'étaient pas susceptibles d'être partagés.

En effet, son père était la seule personne avec laquelle il s'était senti en communion au plan moral, avec qui il partageait une égale détermination pour aborder un événement, même lorsqu'il n'y avait pas de spectateur.

À ce sujet, Buchmann avait très tôt compris que, pour la plupart des gens, la morale individuelle, le système légal d'un citoyen ne se révélaient que lorsqu'il n'y avait pas de spectateurs. En présence de spectateurs, la morale forte se diluait et tentait de s'exprimer en adoptant les valeurs de l'assistance, dans un jeu de séduction évoquant les efforts d'un mauvais acteur pour captiver l'auditoire. Tel était le monde de l'homme commun avec des spectateurs ordinaires ; un monde auquel Buchmann ne voulait pas appartenir.

La grande qualité de ces fous et de ces clochards, c'était précisément qu'ils agissaient comme s'il n'y avait aucun spectateur, comme s'ils étaient seuls au monde. Et ils l'étaient réellement. Ils n'étaient pas aimés, ils n'aimaient pas, ils n'étaient pas détestés : la voie était dégagée, ils pouvaient être libres.

Et les hommes libres excitaient Lenz Buchmann. Pour tout cela également, ils constituaient le type idéal de spectateurs.

Ces derniers jours, il ne parvenait pas à éviter que l'image de Rafa le fou s'infiltre à tout moment dans ses pensées. Cet homme l'attirait. Il avait le sentiment d'avoir peut-être trouvé en lui le spectateur parfait, car il était indéniablement le grand homme libre de la ville.

La ville, évidemment, n'avait absolument pas besoin d'hommes libres, mais la vie personnelle de Lenz Buchmann exigeait, de plus en plus, la présence de cette liberté excitante ; une liberté si grande qu'elle voit tout et ne juge pas. Voir, et rien d'autre ; seulement voir.

Lenz Buchmann, soit dit en passant – et ses violents maux de tête y étaient pour quelque chose –, sentait parfois qu'il avait moins d'emprise sur son organisme que sur la ville, et une telle sensation le rendait fier et l'effrayait tout à la fois.

Mais pour l'heure, c'était cela qui importait : ce n'était qu'avec ce type de spectateurs, *dévoyés*, que lui, Lenz Buchmann, parvenait à être absolument immoral. Un individu unique, sans égal.

Il avait donc besoin d'eux.

Un événement tragique

Le spectateur relève la tête

1

Il était évident que Lenz Buchmann n'allait pas renoncer avant de parvenir à ses fins : Rafa le fou venait donc d'entrer chez lui. Il se tenait debout, dans la cuisine, et étrangement se montrait peu bavard. Il avait accepté l'invitation de cet homme et il était venu : que lui voulait-on ?

Buchmann appela sa femme, pour la présenter à Rafa, comme il l'avait fait la première fois avec le clochard. Maria Buchmann afficha un large sourire.

– Ma femme, Maria, dit Buchmann. Maria, voici Rafa, un bon ami à moi.

S'épanouissait ensuite un sentiment de domination, par rapport à sa femme comme par rapport à ces étranges visiteurs, les parias de la ville. Au départ, la conversation était généralement des plus futiles, mais avec cet homme, Rafa, elle le fut encore plus qu'à l'accoutumée. Un bref échange parfaitement décousu, agrémenté d'un verre de vin, auquel sa femme assista de l'extérieur, en restant à distance ; elle ouvrait rarement la bouche, mais de temps à autre souriait à son mari, avec un regard tellement expressif que Lenz le considérait déjà comme celui d'une prostituée, une prostituée qui avait cette particularité étonnante qu'elle portait son propre nom : Buchmann. Sa femme était une prostituée répondant au nom de Buchmann ; un vrai bonheur, se disait-il ironiquement.

Comme d'habitude, arriva ensuite le moment où l'impatience devenait la valeur la plus forte. Excité, Lenz commença à peloter sa femme, mais le fou, à la différence du clochard qui avait coutume de leur rendre visite, ne baissa pas les yeux. Au contraire, il regardait très ouvertement, *sans la moindre humilité*, la main de Lenz sur le sein de sa femme ; et, plus que cela, il commentait à voix haute *ce que le Dr Lenz était en train de faire à sa femme.*

On eût dit qu'aucune des trois personnes présentes dans la pièce n'était en mesure de voir et que cette aide leur était indispensable : le fou devait décrire chacun de leurs gestes.

Buchmann perçut cette étrangeté qui lui plaisait tant. Ce changement d'attitude chez l'observateur bouleversait la situation, mais continuait de l'exciter. Ce fou ne baissait pas les yeux, disait tout haut des grossièretés et riait de ce que lui et sa femme commençaient à faire.

Lenz Buchmann demanda à sa femme de se lever et juste là, sur la table, avec une chaise seulement entre le fou et eux, il commença à lui relever la jupe et à déboutonner son pantalon. Rafa le fou proférait des obscénités sans discontinuer, quand soudain, n'y tenant plus, il se leva et projeta violemment Lenz Buchmann à terre, en criant qu'il voulait le faire, lui aussi.

Il bramait : « Laissez-moi la place, docteur ! », comme si les deux hommes étaient complices, tout en commençant à saisir de force Mme Buchmann.

Lenz se releva d'un bond et attrapa son fusil de

chasse accroché au mur. Sans que Rafa ne réagisse, il l'arma.

Mme Buchmann essayait de se défendre contre le fou. Rafa la forçait à rester dos à lui, en lui rabaissant brutalement la tête, et avait déjà sorti de la braguette de son pantalon son pénis excité.

Soudain, une détonation retentit. Lenz avait atteint la tête de ce pauvre diable de Rafa.

Durant un instant, Lenz Buchmann resta figé, l'arme en position. Les mains fermes, immobiles. Sa femme, la culotte à mi-cuisse, exhibait ses fesses rougies.

Quelque chose alors traversa l'esprit de Lenz Buchmann. « La peur est le mystère que la vitesse recèle » ? Peut-être. Comment savoir ?

Tout alla très vite, il dévia de quelques centimètres seulement le canon de son fusil, visa la tête de Mme Buchmann et tira.

La ville apprend la nouvelle

2

Toute la ville fut sous le choc lorsque la nouvelle se répandit.

Voilà comment l'épisode fut rapporté : un fou – Rafa – s'était introduit chez le célèbre homme politique Lenz Buchmann avec le projet de commettre un vol ; pris sur le fait, il avait attrapé le fusil de chasse du Dr Buchmann et avait tiré sur Mme Buchmann, qui était morte. Après une lutte entre les deux hommes, le Dr Buchmann avait récupéré l'arme et réussi à abattre le fou dans sa fuite. Telle fut la version consignée dans les registres de la police et retenue ensuite pour l'Histoire.

Certains comportements étranges de Lenz Buchmann avaient déjà beaucoup fait parler, c'était évident, et bien des gens refusaient de croire que Rafa le fou ait pu entrer chez Buchmann autrement qu'à l'invitation de ce dernier.

Les penchants pervers de Lenz Buchmann faisaient jaser depuis des années, mais personne n'aurait imaginé que le reste puisse être faux. Même ceux qui laissaient échapper un petit sourire ironique en insinuant que « le fou était rentré bien facilement dans une maison aussi surveillée » auraient jugé inacceptable qu'on puisse envisager un seul instant que le très respecté Dr Lenz Buchmann, l'un des possibles futurs dirigeants de la cité, ait assassiné sa femme.

Lenz Buchmann, outre la protection naturelle que lui assurait l'importance de son nom, avait été extrêmement méticuleux. D'un seul élan, sans la moindre pause qui aurait permis à la pensée et au raisonnement de tracer une ligne révélant cause et effet, Lenz s'était efforcé de disposer l'arme et les corps dans une position correspondant logiquement à la seule version des faits pouvant le disculper.

Il avait rajusté la culotte de sa femme, Mme Buchmann, non sans difficulté, car son corps, projeté par le coup de fusil, s'était effondré sur le ventre. Il avait également rajusté la jupe de manière à faire disparaître tout signe d'une approche sexuelle. Ensuite, avec la même intensité qu'au moment des faits, *avec la même vitesse* – une espèce de fièvre qui avait jeté tout son corps dans l'accomplissement de ces gestes urgents –, Lenz s'était penché sur le fou et, en se hâtant afin de ne pas laisser prise au dégoût, avait rentré le pénis de Rafa dans son pantalon et remonté la fermeture, de sorte qu'on ne pouvait imaginer ce qui s'était passé. Enfin, il avait éloigné et installé le corps dans la position qui lui avait paru la plus appropriée.

À l'arrivée de la police, il y avait donc deux corps aux têtes explosées – les coups de fusil avaient été tirés presque à bout portant –, des corps gisant sur le sol de la cuisine du domicile du Dr Lenz Buchmann. Celui-ci, en faisant preuve d'un courage hors du commun, avait fait le récit très détaillé du drame. Une première fois, à l'endroit même où il s'était déroulé, et la seconde devant le plus haut responsable de la police de la ville qui, avec des gestes attentionnés, l'avait laissé s'asseoir le premier sur le fauteuil et avait déclaré avant toute question, sur un ton tellement servile que Lenz avait dû faire un effort pour ne pas éclater de rire :

– Je suis navré, monsieur Buchmann, absolument navré. Ces choses-là ne sont pas… C'est un bien grand malheur, monsieur Buchmann, un bien grand malheur.

Encore plus de force
Une explosion au théâtre

Fabriquer le danger
mais ne pas l'industrialiser

1

Lenz Buchmann et Hamm Kestner avaient déjà évoqué la possibilité de provoquer une explosion dans le bâtiment du Théâtre principal, moyen *nécessaire peut-être* pour instaurer dans la ville un état de tension. Cette fameuse première peur utile au Parti.

L'ennui ne peut être balayé qu'avec des explosions localisées, une explosion près de chaque individu, une explosion pour chaque citoyen, dit alors Buchmann, amusé, à Kestner.

Les deux hommes avaient trouvé un nouveau cap pour la campagne, un cap tenu secret, évidemment : créer un danger dont ensuite ils se présenteraient eux-mêmes comme les vainqueurs. Sans le sentiment d'un réel danger, il n'y avait pas de héros, et ces deux hommes ne souhaitaient pas s'emparer de l'autorité uniquement par les urnes ; ils savaient que l'autorité que conféraient le bon vieux courage et la bonne vieille force était la seule à résister aux fluctuations provoquées par le cours des événements. Ils apparaîtraient comme les seuls capables de faire face à une terreur à l'origine indéterminée.

Mais c'était une affaire sérieuse : Buchmann et Kestner

voulaient gagner les élections. Il ne s'agissait pas d'un jeu dans lequel chaque partie accepte de jouer uniquement avec le nombre de cartes réglementaire. Il était fondamental de partir du principe que l'autre camp n'avait pas les bonnes méthodes pour concrétiser son projet. Un opposant vise toujours un objectif exigeant des moyens qui en temps de paix ne sont rien d'autre que des armes camouflées. Qui pourrait lutter contre eux les mains vides et avec des moyens prévisibles ? Ce n'étaient pas des enfants, ni d'un côté ni de l'autre. Les opposants de Buchmann et Kestner étaient des seigneurs aux idées dépassées, mais chez qui existait une tradition du combat : pendant la période des hostilités, ils feraient tout ce qu'ils pourraient. Ensuite, oui, mais ensuite seulement, ils se soumettraient au résultat.

Cependant, il était évident que le *tout* de Buchmann et Kestner était plus excitant que le *tout* de leurs opposants. Il y avait entre eux toute la différence qu'il peut y avoir entre celui qui cite une expression éculée et celui qui emploie une expression nouvelle que se répéteront les générations futures. Buchmann et Kestner avaient atteint le palier qui, chez chaque individu, annonce le saut.

Ils disposaient d'un ensemble de forces non quantifiables. Ils avaient simplifié leurs idées, c'est pourquoi leur morale d'action ne rencontrait pas d'obstacles. D'abord, créer un danger sans origine identifiable ; ensuite, grâce à cela, forcer le mouvement de la population ; enfin, préparer un État fort où l'on distinguerait deux types de personnes : celles qui protègent et celles qui sont protégées. Voilà les tâches qu'il leur fallait accomplir, en prenant le monde pour établi. Mais avec moins de tâches que de doigts à la main droite, tout devenait plus facile.

Les deux hommes avaient donc pris leur décision : une petite explosion allait survenir dans le Théâtre principal. Qui ne fera pas de victime, avait plaidé Kestner. Et Buchmann avait acquiescé.

La première peur ; apprendre dans la forêt, appliquer en ville

2

Tout ne se passe pas toujours comme prévu : à cause de cette explosion volontairement modeste, un homme perdit la vie. La bombe avait été placée dans une entrée latérale du théâtre, au centre d'une petite salle où se trouvait la statue d'un ancien roi qui avait été en son temps un amateur inconditionnel de l'art dramatique. La statue fut réduite à néant, ce qui permit à Kestner et Buchmann comme à leurs adversaires de défendre publiquement et avec vigueur un projet commun : l'érection d'une nouvelle statue sur le modèle de la précédente mais deux fois plus grande, que l'on disposerait dans un endroit du théâtre où elle serait mieux encore mise en valeur. Un projet qui, en réalité, ne se concrétisa jamais.

L'explosion causa la mort d'un acteur de second plan, inconnu du public, qui pour son malheur passait par là au mauvais moment. Les hommages « au grand acteur » disparu, en cette période qui exigeait « un grand sens des responsabilités pour diriger la ville », « l'existence d'un danger avéré » démontrant qu'il était fondamental qu'un leader fort prenne les rênes du Parti, ces hommages donc se succédèrent telles de nouvelles déflagrations, bienveillantes cette fois, de la même bombe. Toutes les personnalités les plus en vue se pressèrent aux obsèques, qui attirèrent encore plus de monde que celles de Mme Buchmann trois semaines plus tôt, effaçant complètement l'émotion que celles-ci avaient pu susciter.

À une tragédie privée avait succédé une tragédie publique qui libérait des menaces pointées vers chacun des éléments de la ville. On voyait bien la différence entre l'arme à un coup, dont la balle rappelle la voix du professeur qui appelle l'enfant par son nom pour l'autoriser à se lever de sa chaise, et la bombe qui ne connaît pas encore le nom de « ses élèves » : le chaos et l'absence de sens ou d'explication de la violence annihilaient efficacement le sentiment de sécurité dans la ville. Buchmann et Kestner le savaient bien.

Personne ne revendiqua l'attentat, personne n'en comprit les motifs. Une seule chose était claire : l'explosion ne visait pas ce pauvre acteur. Par conséquent : elle aurait pu atteindre n'importe qui. La peur était donc instaurée. La première peur.

Toujours plus haut

La bibliothèque accroît sa force

1

À l'abri de toutes conséquences pénales à la suite du meurtre de Rafa le fou, dans la mesure où « il était avéré qu'il avait agi en légitime défense », non seulement Lenz Buchmann vit sa réputation absolument préservée, mais en plus il gagna la dimension humaine de celui « qui a beaucoup souffert ». Si par son inflexibilité et la force de ses convictions il avait déjà rallié bien des hommes à sa cause, cet événement – qui avait montré que même quelqu'un comme lui pouvait avoir à endurer des épreuves – lui avait permis de conquérir le public féminin. S'il avait voulu élaborer une stratégie de ce genre – de conquête des deux parties du public –, il n'aurait pas obtenu de meilleurs résultats.

Buchmann, en raison du drame survenu dans sa vie privée, devint, de loin, le personnage le plus populaire et le plus respecté de la ville. D'une part, il s'apprêtait à s'emparer du pouvoir techniquement, pour ainsi dire, à travers les élections au sein du Parti, et d'autre part il avait déjà subi ce que les ingénus appelaient une violente défaite : la mort de son épouse, dans les conditions que l'on sait.

Sans l'avoir prémédité, Buchmann avait réussi ce

que cent mille actions politiques concrètes n'auraient jamais pu lui apporter : inspirer chez autrui tout à la fois un sentiment de peur et un sentiment de compassion. Qui peut lutter contre celui qui est encore plus fort après avoir souffert ? Telle était la question qui, sans être explicitement formulée, se répandait dans la ville et faisait que chaque apparition publique de Buchmann provoquait désormais un tohu-bohu animalesque, qui perdurait longtemps après que cette éminente personnalité se fut engouffrée dans les bâtiments les plus importants par des portes inaccessibles au citoyen lambda.

Tous les lieux où il passait se transformaient en ateliers et tous les hommes qu'il croisait en artisans, mobilisés pour réaliser une construction dont lui, Lenz Buchmann, semblait le seul à connaître l'architecture finale. Il n'avait plus aucun doute : ce serait bien grâce à lui, Lenz, que Kestner allait gagner les élections. Son père, Frederich Buchmann, en aurait été fier : son fils se trouvait dans le monde des forts et il y était libre. Il s'était libéré d'une femme dont il voyait désormais plus nettement à quel point elle avait été ordinaire : une compagne qui avait trahi à chaque instant les coups qu'il fomentait, ralentissant ainsi sa vitesse de progression. Il était libre également des effets de l'usage indu, par son frère Albert, du nom de Buchmann.

Ces derniers temps, la bibliothèque familiale, désormais considérée comme un tout, s'était enrichie à un rythme extraordinaire. Rares étaient les auteurs qui ne lui envoyaient pas leurs livres et certains rejoignaient la partie principale de la bibliothèque, car Lenz voyait en eux la manifestation d'un instinct nouveau et fort qui lui plaisait et semblait être, à travers le monde, en pleine expansion.

Pendant que tu regardes de l'autre côté, des coups sur le crâne

2

Ainsi, plus rien n'entachait son nom. Il n'y avait plus qu'un seul Buchmann désormais et cet homme était en passe de devenir l'un des plus importants de la ville, pour ne pas dire le plus important.

C'était le grand soir des élections et Lenz Buchmann, avec Hamm Kestner et quelques proches, dont sa secrétaire, Mlle Liegnitz, attendaient le verdict final de la « voix du peuple ». Kestner plaisantait, même s'il laissait transparaître une légère nervosité, et Lenz lui-même n'était pas aussi serein et confiant qu'à l'accoutumée.

De la part de Lenz, il ne s'agissait aucunement de la crainte de perdre les élections, il allait gagner, il le savait bien. Son malaise n'était pas causé par un facteur extérieur, mais par de violents maux de tête qui ne lui laissaient aucun répit. Depuis quelques jours, ces migraines, dont il ne se plaignait qu'auprès de Julia Liegnitz, semblaient avoir atteint un nouveau palier et vouloir attirer l'attention de leur propriétaire – tel un vulgaire cabot mordant soudain son maître pour qu'il cesse de l'ignorer comme il l'a fait jusqu'alors.

La nécessité d'accomplir toute une série d'actions ces derniers jours avait conduit Buchmann à détourner son attention de la douleur, qui sévissait presque constamment à présent, pour la réorienter vers ce plateau sur lequel, dernièrement, il semblait présenter son cœur à chaque petite foule qu'il tentait de séduire. Le jeu de séduction *de grandes masses* dans lequel il s'était engagé l'empêchait de considérer individuellement son propre corps avec cette approche qui, par son ancienne activité de médecin, lui était familière. Mais cette mise en sommeil de l'autosurveillance, du fait qu'il jouait le rôle de celui qui attaque en permanence, toucha à son terme ce soir-là.

Il n'y avait plus rien à faire : il ne restait plus qu'à attendre les résultats. Et c'est peut-être en raison de cette brusque diminution de ses activités offensives que Buchmann permettait à son corps de s'exprimer. C'est ainsi qu'il commença à prendre réellement la mesure des maux de tête dont il souffrait.

Et, de fait, ces migraines étaient d'une violence inhabituelle, excessive, vraiment brutale.

La victoire imparfaite

3

La nouvelle tant attendue tomba en fin de soirée : Hamm Kestner avait remporté les élections. Lenz Buchmann devenait ainsi, formellement, le numéro deux du Parti et, après en avoir définitivement fini avec les maux de tête qui l'assaillaient, il pourrait donc plus aisément poursuivre son projet.

Il savait bien que, si son père était vivant, il n'admettrait pas que Lenz arrête sa progression, quel que soit le niveau déjà atteint. La position de Lenz Buchmann dans le monde était, en ce soir de victoire électorale, celle du combattant qui accepte de prendre un peu de repos parce que les derniers jours ont été rudes ; cependant, il restait encore un ennemi à abattre, des traces laissées dans son corps en apportaient la preuve. Cette nuit, comme aucune autre jusqu'alors, correspondait donc, tout au plus, à l'armistice qui précède d'autres nuits plus violentes.

Au milieu de la place centrale de la ville, aux côtés de son allié et nouveau président, Hamm Kestner, il remercia ceux qui venaient l'embrasser ou le complimenter : d'anciens camarades d'école, d'ex-confrères médecins, des dames et des vieillards, dont certains ressassaient infatigablement des histoires au sujet de son père Frederich ; et malgré ses insupportables maux de tête, il s'attarda longtemps au milieu de la fête, dont il occupait clairement le centre, cela ne faisait aucun doute – Kestner n'était rien d'autre que son futur adversaire.

Un homme fort, bien sûr, sans scrupules, et affichant cette espèce de violence intelligente dont Buchmann savait être doté lui aussi, mais Kestner n'était pas invincible, loin de là. Et il n'était pas non plus un ami.

Lenz Buchmann prit congé du nouveau président du Parti avec une accolade appuyée, vivement saluée par la foule, mais en rentrant chez lui en compagnie de Julia Liegnitz, en s'efforçant de ne pas se laisser anéantir par la douleur qui semblait prête à tout moment à devenir incontrôlable, il murmura à sa secrétaire :

– Il ne va pas rester à ce poste très longtemps. Je vais le tuer.

Le diagnostic de la maladie

Regarder la même chose de manière différente

1

– Des images comme celle-là, j'en ai vu des milliers, lança Lenz Buchmann, irrité, en tenant les radios entre ses mains.

– D'accord, monsieur Buchmann… dit le médecin. Mais cette fois, c'est dans votre tête.

– Ça ne m'effraie pas ! rétorqua Buchmann.

– Nous ne pouvons rien faire. La seule chose…

– Ne m'interrompez pas, coupa Lenz, je n'avais pas terminé.

– Excusez-moi, docteur Buchmann.

Il prit une nouvelle fois la radio et l'observa attentivement. C'était sans équivoque : les taches noires étaient partout. Son cerveau ne lui appartenait plus totalement. Il avait été envahi de l'intérieur, lâchement.

Que devait-il donc dire dans une telle situation ? Cela, Lenz Buchmann ne l'avait pas appris.

DEUXIÈME PARTIE

MALADIE

Se réveiller au milieu de machines et dire sa reconnaissance

La main n'a plus le même poids

1

Cerné par des tuyaux qui, à première vue et d'après les premières sensations, semblaient partir de l'intérieur de lui-même et non venir de l'extérieur, entouré de diverses machines, avec des voyants rouges et verts donnant des indications que, de prime abord, personne ne saurait interpréter avec rigueur, Lenz Buchmann commençait tout juste à se réveiller, dans son lit d'hôpital, quelques heures après son opération à la tête. Il ne comprit pas immédiatement où il se trouvait ni ce qui lui était arrivé, et sa seule réaction instinctive fut provoquée par un événement qu'il localisa, vaguement, du côté droit de son corps. D'abord nébuleuse, la chose se précisa : quelqu'un lui volait sa main droite, c'est du moins ce qu'il pensa sur le moment. Il fit alors légèrement pivoter son cou, avec difficulté à cause des douleurs, et, assise à son chevet, il vit une femme, sa secrétaire Julia Liegnitz, qui dans ses deux mains tenait sa main droite, sa puissante main droite qui subitement lui parut morte, cadavre autonome qui n'avait pas encore fini de se séparer du reste du corps. Afin d'en avoir le cœur net, Lenz fit un effort pour bouger ses doigts et non, elle n'était pas morte : ses doigts bougeaient. Il referma, un peu seulement, la paume de sa main. Elle semblait avoir préservé ses fonctionnalités et les muscles leurs capacités de contraction et de relâchement.

Mais qu'était-il arrivé à sa main ? Elle était molle – il ne trouva pas d'autre mot –, posée sur celles de Julia, comme aurait pu l'être n'importe quel objet. Il tenta immédiatement de la lever afin de mettre un terme à cette situation humiliante ; mais cette fois il rencontra bien une résistance : le mouvement devait partir des muscles de l'épaule s'il voulait lever le bras entier, ou au moins de la zone du coude. Mais rien à faire ; il ne parvint pas à lever le bras et à retirer sa main des mains de Julia. Il était sans force.

Julia dit quelque chose qu'il entendit comme si son oreille aussi était encore en train de se réveiller, comme si elle était encore privée d'une partie de ses capacités. Il ne comprit pas ce que dit Julia, peut-être une phrase comme *Reposez-vous, ne bougez pas.*

– Je n'arrive pas à lever la main, murmura Lenz Buchmann, d'une voix éteinte.

Cette fois, il parvint à l'entendre clairement :

– Docteur Buchmann, laissez votre main. Je la tiens.

Le Dr Lenz Buchmann n'avait pas eu le temps de s'installer dans les bureaux auxquels donnait droit son rang de numéro deux de la cité. Les médecins qui l'avaient examiné avaient décidé de ne pas attendre une heure de plus. Lenz Buchmann avait une tumeur au cerveau, déjà très développée. Il se réveillait à présent de l'anesthésie générale après une opération longue, très délicate et non définitive. Le mal s'était largement répandu ; il traînait par là depuis longtemps. On l'avait opéré, on avait réduit l'espace occupé par l'ennemi, mais il restait encore beaucoup à faire pour le maîtriser. La « chose » avait déjà gagné d'autres organes.

Pour les médecins qui l'avaient opéré, il était entendu que ce n'était plus qu'une question de temps. La mort était toute proche.

– J'ai mal à la tête, dit Lenz, sans réaliser que la maladie avait depuis fort longtemps cessé de se satisfaire de la seule partie supérieure de son corps.

Un nouveau corps de retour dans une nouvelle maison

Changements intimes

1

Quelques semaines plus tard, Lenz Buchmann quitta l'hôpital sur ses deux jambes. Apparemment, il avait retrouvé toute sa vigueur.

À ses côtés, mais sans qu'ils aient à l'aider, se trouvaient Julia et son frère sourd-muet, répétant un *mmm* qui, parce qu'il se voulait réconfortant, irritait profondément Lenz.

– Vous avez bientôt fini avec vos *mmm*, en vint même à dire Lenz, grossièrement.

Gustav Liegnitz aidait lorsqu'il le fallait, mais c'était Julia qui dirigeait et organisait tout.

Julia avait pris le contrôle des opérations.

Elle était désormais une femme accomplie, elle connaissait le monde et les différents états par lesquels passent les organismes. Elle avait grandi sans père et sa mère avait elle aussi disparu depuis de nombreuses années. Elle avait très tôt pris sur elle de protéger son frère qui, en raison de son handicap, avait toujours été la cible facile des moqueries des autres enfants. Moqueries et sarcasmes qui, plus tard, avaient cédé la place à toute la politesse requise pour lui refuser un emploi auquel il prétendait – *que peut bien faire un sourd-*

muet ? Il lui reste les yeux. Qu'est-ce qu'il va faire avec ses yeux ? Regarder ?

C'était Julia qui lui avait obtenu son premier travail et, si sa trajectoire n'avait pas croisé celle du puissant Dr Lenz Buchmann, avec pour conséquence la fulgurante ascension professionnelle de Gustav Liegnitz, Julia serait certainement toujours aux côtés de son frère, attentive à ses besoins, prête à le défendre comme s'ils se trouvaient encore dans la cour de récréation de l'école primaire, entourés d'enfants raillant ses *mmm* informes.

On eût dit, cependant, que Gustav Liegnitz parlait un peu. Ses *mmm* correspondaient en réalité à des tentatives pour ébaucher des mots, distinguer des lettres. Sa sœur, dont les oreilles étaient entraînées depuis longtemps, parvenait à déchiffrer presque l'intégralité de ses propos. Julia, bien souvent, faisait office d'interprète pour son frère.

Il faut ajouter que Gustav, lorsqu'il était concentré, parvenait à lire sur les lèvres. Il semblait voir les mots apparaître à l'endroit même où ils se formaient. Il n'entendait pas les mots, il les voyait, pour ainsi dire, en train d'être sculptés.

Gustav Liegnitz n'était pas stupide, bien au contraire. Ses facultés n'en faisaient pas quelqu'un de brillant, certes, mais disons qu'il était d'une intelligence parfaitement normale, *moyenne*. La difficulté consistait toujours à vaincre le préjugé selon lequel celui qui ne sait pas parler – comme un enfant – a certainement une culture et une intelligence infantiles. D'ailleurs, c'était parfois avec une certaine surprise que les gens constataient que Gustav Liegnitz savait écrire. Comme devant un tour de magie : un sourd-muet qui écrit ? Mais comment est-ce possible ? Cette ignorance de ses capacités, absolument normales à tous les niveaux, à l'exception du langage et de l'audition, était bien le grand obstacle à dépasser.

De toutes les manières, la situation de Julia et Gustav Liegnitz avait une fois de plus radicalement changé ces derniers jours.

Après la déclaration de la maladie de Lenz, après son opération, les Liegnitz s'apprêtaient à franchir le dernier pas avant de pénétrer dans l'intimité d'un Buchmann encore puissant.

Deux nouveaux locataires viennent apporter leur aide

2

Depuis la mort de sa femme, Lenz vivait seul. Ainsi, c'est tout naturellement que les frère et sœur Liegnitz emménagèrent dans la grande maison des Buchmann. Julia était censée exercer des fonctions de secrétaire, mais au fil des semaines elle endossa un rôle d'infirmière, en apportant son aide non pas à la réalisation du travail effectué par un corps, mais au corps lui-même.

Gustav Liegnitz, pour sa part, s'occupa progressivement de la gestion de la maison, plus précisément des petits investissements de la famille Buchmann, ou de ce qu'il en restait : Lenz et personne d'autre.

La déchéance physique de Lenz Buchmann était donc accompagnée par une présence de plus en plus marquée et par une force qui s'imposait sur chaque mètre carré de la maison – celles des frère et sœur Liegnitz. En somme, la famille Liegnitz gagnait du terrain.

En d'autres circonstances, et vu de loin, une telle succession d'événements et la manifeste occupation du territoire par une partie de la famille Liegnitz auraient pu s'apparenter à une invasion, à une conquête hostile. En réalité, tout se passait dans une remarquable harmonie.

Lenz Buchmann, qui avait quitté l'hôpital debout, fort, n'avait pas conservé longtemps cette vigueur. Guère plus de deux semaines plus tard, après trois passages dans son nouveau bureau et une conversation avec le puissant Hamm Kestner, fraîchement élu à la présidence du Parti, il résolut de se retrancher de la partie publique de la vie de la cité, pour ainsi dire.

Il avait compris que sa faiblesse physique était connue de tous. Il était la cible de tous les regards ; il l'avait toujours été, mais il s'agissait de regards tout à fait différents désormais. Et ces regards lui étaient insupportables.

Il se retira donc, en se promettant bien de revenir. Avec cette emphase qui lui était naturelle, Hamm Kestner, le président du Parti, déclara alors que sa place lui était réservée puisque, souligna-t-il sur ce ton bien à lui, nul ne saurait remplacer Lenz Buchmann !

Ainsi, dans la maison de Buchmann, les chutes et les ascensions se succédèrent dans une harmonie qui faisait parfois songer à une danse : une danse à trois, ou à deux, si l'on veut. Danse lente, bien synchronisée, avec, d'un côté, Lenz qui faiblissait et, de l'autre, Julia et Gustav Liegnitz qui gagnaient en force pour mieux le soutenir ; dans le fond, pour que cet attelage d'éléments contraires ne s'effondre pas.

C'étaient deux parties et si l'une semblait prête à défaillir, il incombait à l'autre de ne pas la laisser tomber, en s'efforçant de toujours garder un sourire de façade, à l'intention des spectateurs.

Il est impossible d'atteindre l'harmonie, mais on peut essayer

3

Au fil des semaines, la maison de Lenz Buchmann fut envahie, délicatement, par d'autres objets, les objets *d'une autre famille* – famille humaine mais aussi famille de goût. En effet, les frère et sœur Liegnitz, en dépit de tous les efforts accomplis, souvent sans soutien aucun, ne possédaient pas, ni de près ni de loin, le niveau culturel, les goûts et les habitudes raffinés des Buchmann, en particulier de son dernier représentant vivant, Lenz Buchmann.

Les petits objets qui pénétraient peu à peu dans la maison apportaient ainsi une autre marque, la marque Liegnitz, si l'on peut dire, qui était le résultat d'innombrables actions, événements, contingences, volontés, décisions, qu'au long des décennies, et même des siècles, la famille Liegnitz avait provoqués, traversés, affrontés, etc. Les objets d'une famille, rattachés à un certain mode de pensée, se mélangèrent donc aux objets et au mode de pensée de Lenz Buchmann.

Avec un peu de recul et d'un point de vue purement esthétique, on pourrait dire que les Liegnitz apportèrent chez Buchmann un certain mauvais goût. Depuis une lampe de chevet que Julia aimait particulièrement et qu'elle avait installée dans la chambre où elle dormait seule – chambre contiguë à celle de Lenz, afin de pouvoir accourir au plus vite à la première demande de celui-ci – jusqu'aux habits de Julia et de Gustav, la plupart de ces objets sautaient immédiatement aux yeux tellement ils juraient par rapport à leur nouvel environnement, tellement ils étaient laids.

Gustav, qui logeait dans une des chambres du rez-de-chaussée, oubliait parfois, par mégarde, un vêtement sur le dossier d'une chaise. C'était aussi remarquable qu'un chiffre au beau milieu de l'alphabet, qui fait s'écrier n'importe quel enfant : mais il n'est pas à sa place !

En plus des vêtements et de menus objets, ils apportèrent également chez Buchmann deux meubles qui appartenaient depuis de nombreuses générations à la famille Liegnitz et dont Julia n'arrivait pas à se séparer. Un imposant buffet en bois, d'environ un mètre de hauteur et de près de quatre mètres de longueur, était déjà installé dans le séjour et certains équipements de chasse de Lenz y avaient été soigneusement rangés par une Julia toujours pleine d'attention. L'autre meuble de la famille Liegnitz transporté dans la maison Buchmann était une table, qui avait appartenu au père de Julia, Gustav Liegnitz.

Malgré toute l'étrangeté de la situation, c'était sur cette table, désormais installée dans l'une des pièces jouxtant la bibliothèque, que Lenz, au cours de ces journées, écrivait quelques notes de réflexion politique, d'une main de moins en moins ferme.

À force d'inondations discrètes, le monde finira par sombrer

4

Autre arrivée qu'on ne saurait manquer d'évoquer : celle de ce qu'on appellera les *livres Liegnitz.* Le plus naturellement du monde, au fil des mois, aussi bien Julia que Gustav rapportèrent quelques-uns de leurs livres, ceux qu'ils étaient en train de lire et d'autres qui provenaient de leur très modeste bibliothèque. Parmi eux, certains, un très petit nombre, qu'ils avaient hérités de la bibliothèque de leurs parents. Ces livres-là en particulier, pas plus d'une dizaine en tout, détonnaient violemment avec la bibliothèque exigeante des Buchmann. Il s'agissait de misérables historiettes, telles qu'il s'en consomme par milliers chez les adolescents bêtas et dans les familles peu cultivées, comme les Liegnitz.

Ce qui mettait encore Buchmann hors de lui, parfois – il était rare à présent qu'il se mette hors de lui ; du reste, il ne le pouvait plus : pour préserver un minimum de confort organique, il lui fallait se maintenir dans un état d'équilibre tranquille –, ce qui parvenait encore à l'irriter profondément, malgré tout, c'était de tomber sur un de ces livres – *ces livres !* – abandonné sur une table ou une chaise.

Tout le reste, il l'acceptait, guidé par l'instinct de survie qui le caractérisait – il savait bien que sa position dans le monde avait changé et qu'il avait désormais besoin de ces deux frère et sœur à ses côtés, particulièrement de Julia. Il donnait l'impression (ou faisait semblant) de ne pas s'apercevoir de tout ce qui pénétrait chez lui, lentement mais avec constance – tel un flux –, en portant la marque de la famille Liegnitz. Et s'il s'en était aperçu, il n'aurait certainement guère protesté.

En revanche, les livres le gênaient vraiment. Il avait même demandé – il en vint à un moment à l'exiger – que les livres de Julia et Gustav Liegnitz ne sortent pas de leur chambre respective et ne soient pas abandonnés çà et là dans la maison.

De toutes les manières, sa bibliothèque, née de l'union de deux bibliothèques puissantes – celle de Frederich Buchmann et la sienne propre –, était inviolable et, parmi les objets et les documents les plus importants qu'il conservait dans les tiroirs de sa table de chevet se trouvait précisément la clé de cette pièce fondamentale. Une bibliothèque dans laquelle – plus par désintérêt qu'autre chose (jamais ils n'en avaient demandé la clé à Lenz) – les Liegnitz n'avaient pas encore pénétré.

Un vol, mais pas de voleur

Altération de la vision et de l'objet observé

1

Qu'était-il donc arrivé à Lenz Buchmann, à lui qui était si fier, pour assister à tout cela avec une admirable placidité ? Tout simplement ceci : Lenz Buchmann avait un cancer. Ou plus exactement : il n'était plus propriétaire, le cancer avait fait main basse sur lui – Lenz le puissant avait été transformé en objet.

En effet, il ne parvenait plus à penser à quoi que ce soit, rien n'avait plus d'importance ; il était rapidement devenu un contrôleur à temps plein : il ne quittait pas des yeux son propre corps, en guettait les réactions, l'évolution. Il étudiait par le menu l'état dans lequel il se trouvait à chaque instant, se demandait s'il se sentait mieux ou moins bien que la veille, si les muscles de ses bras étaient plus faibles, si ses jambes tremblaient ou non après être resté debout quelques minutes ; bref, ses activités les plus infimes étaient désormais soumises à une analyse exhaustive.

Peu à peu, ce sont même tous ses mouvements, les plus minimes, les plus anodins, qu'il scrutait attentivement, comme si la maladie avait brutalement réduit son champ de vision tout en lui conférant, en compensation, une capacité spéciale pour distinguer des détails minuscules. On eût dit qu'il était doté d'un microscope tourné exclusivement vers lui-même, en remplacement de tous les autres instruments de vision qu'il possédait jusqu'alors.

Auparavant, il observait une variété de choses en adoptant une variété de points de vue. Désormais, il regardait et ne voyait plus qu'une seule chose au monde – son propre corps –, mais avec autrement plus d'acuité, avec une profondeur jamais atteinte jusque-là. On eût dit que, à l'âge qui était le sien, il prenait tout juste conscience de l'ampleur des problèmes physiologiques que posait un simple geste d'adieu, par exemple, qu'il découvrait les mécanismes et les innombrables actions invisibles qu'un geste aussi banal que celui-là mettait en branle à l'intérieur de son corps. Ce qui lui était toujours apparu d'une infinie simplicité, au point de ne jamais considérer qu'il pouvait s'agir d'un problème – le fonctionnement du corps – constituait pour lui, désormais, l'unique problème.

Comment faire fonctionner tout cela ? Comment me lever de mon lit en comptant sur la seule force de mes deux bras, si maintenant mes deux bras n'en ont plus guère ? Quels points d'appui dois-je utiliser ?

La maladie ne faisait pas vraiment preuve de modestie. Elle s'était infiltrée dans l'ensemble de ses pensées, elle ne venait déjà plus de l'extérieur, ce qui l'effrayait de plus en plus : son affaiblissement avait pour origine le patrimoine intime de son corps. Buchmann avait l'impression d'observer un cambrioleur en train de commettre un vol : un cambrioleur intervenant à distance pour prendre progressivement le contrôle de ce qui était auparavant gouverné par l'excitation normale des hommes. La santé laissait le champ libre pour agir, n'imposait pas de règles ou de limites, contrairement à la maladie qui surveillait ses mouvements – rappelant parfois une grand-mère prudente qui empêche un enfant d'aller trop vite, ou d'autres fois plutôt un sadique qui ne cesse d'énoncer les innombrables actions que l'autre ne peut accomplir du fait de son incapacité physique.

L'importance des noms

Effacer ce qui peut l'être

1

Lenz Buchmann, bien qu'extrêmement diminué par la maladie, tentait tout de même de montrer de temps à autre que c'était encore lui qui présidait aux destinées de la maison, en donnant de petits ordres que Julia et Gustav faisaient mine d'appliquer, sans en discuter la pertinence. À titre d'exemple, Lenz pouvait demander qu'un meuble soit retiré du sous-sol alors même que celui-ci ne s'y trouvait plus : les frère et sœur Liegnitz avaient déjà décidé depuis longtemps que ledit meuble n'y était pas à sa place.

Parfois, Lenz Buchmann chargeait Gustav Liegnitz de tâches précises, généralement associées à des travaux manuels un peu lourds, impliquant un effort physique.

La plus importante de ces tâches, du point de vue symbolique, fut celle que Gustav dut accomplir sur la plaque en bronze arborant le blason de la famille, les noms du père et de la mère de Lenz, ainsi que ceux des deux frères : Albert et Lenz Buchmann.

Lenz Buchmann demanda à Gustav quelque chose d'extrêmement difficile, étant donné les caractéristiques du matériau : il lui demanda d'éliminer de cette plaque en bronze l'un des deux prénoms – celui de son frère, Albert. Afin qu'il ne reste plus que les armes de la famille, le nom complet de son père – Frederich Buchmann –, celui de sa mère et le sien : Lenz Buchmann. Comme s'il avait été fils unique.

Le nom de la mère était un nom faible, sans aucun doute, mais le mélange avec le sang du père avait démontré qu'elle avait au moins été capable de l'engendrer, lui. Faible, mais qui a laissé la force continuer à être forte, pensait Lenz au sujet du nom de sa mère.

Gustav ne posa pas de question (ni par écrit, ni en tentant de se faire comprendre par ses *mmms* prolongés ou par quelque geste). Il avait parfaitement compris ce que Lenz lui avait dit en lisant sur ses lèvres – lèvres qui avaient maintenant pris l'habitude de s'adresser à Gustav très lentement et en détachant chaque syllabe.

Pour qu'il n'y ait vraiment aucune ambiguïté, de sa main de moins en moins ferme, Lenz dessina la plaque, avec ce qui devait rester et, d'un X très clair, ce que Gustav devait éliminer.

Enfin fils unique

2

Les jours suivants, le sourd-muet s'asseyait à côté du lit de Lenz, à la demande de ce dernier, qui observait la progression de ce travail manuel minutieux consistant à gratter avec une petite lime le prénom du frère. Gustav commença ainsi par effacer le A, puis le L.

Un tel travail était loin d'être irréalisable, mais il nécessitait une patience infinie. Principalement parce que l'idée était qu'il soit effectué sur place, dans sa propre maison, à l'abri de tout regard susceptible d'interpréter ou de juger son geste. C'était un acte intime, une décision de famille, secrète – du moins, c'est ainsi que la considérait Lenz –, raison pour laquelle il n'avait pas fait appel à des professionnels qui, avec des outils plus adaptés, seraient venus à bout d'une telle tâche bien plus facilement.

Pour Lenz Buchmann, il était clair qu'il ne s'agissait pas uniquement d'une tâche à accomplir, mais bien plutôt d'une cérémonie qui devait être célébrée en ces lieux, non seulement dans sa maison mais précisément à côté de son lit. Gustav travaillait sur une petite table et sur une chaise qu'il apportait et remportait à chaque fois qu'il venait dans la chambre de Lenz.

Cette tâche, pensait Lenz, devait être réalisée par celui-là même qui était en train de la réaliser : le fils sourd-muet de Gustav Liegnitz, qui portait le même nom que son père, l'homme que Frederich Buchmann avait tué. Pour Lenz Buchmann, les heures passées à observer le lent travail du sourd-muet avaient comme une valeur rituelle, lui permettaient d'atteindre à une sorte d'essence qu'il ne savait pas encore comment appréhender. S'accomplissait ainsi ce qui ne l'avait pas été la génération précédente. Quoi au juste ? Il n'aurait su l'expliquer.

Après avoir éliminé ce nom, Lenz avait demandé à Gustav qu'il polisse la plaque de bronze, afin que les noms épargnés – principalement celui du père, Frederich, et le sien – brillent *comme deux puissantes lumières dans la nuit*, avait-il dit.

En trois semaines, à raison de deux à trois heures par jour, le travail fut achevé. La plaque ne portait plus que trois noms ; deux d'entre eux avaient été polis avec plus d'énergie et brillaient comme si les lettres en avaient été inscrites la veille, et non pas plusieurs décennies auparavant. Le *sourd-muet* – c'est ainsi que Lenz le désignait (sa sœur elle-même demandait parfois, sur le ton de la moquerie : et le sourd-muet, où est-il passé ?) –, le sourd-muet, Gustav, avait réalisé un travail remarquable.

Entre les deux hommes – Lenz et Gustav –, malgré l'air constamment goguenard du premier, était en train de naître une relation différente : Lenz commençait progressivement à accorder sa confiance à celui qui encore peu de temps auparavant n'était guère que le frère de Julia, sa secrétaire, une femme à qui, en revanche, il avait toutes les raisons de se fier. Il ne considérait pas le sourd-muet comme un ami, évidemment, mais tout au moins voyait-il en lui quelqu'un de confiance – un employé sachant encore identifier le centre du pouvoir.

– Je commence à bien l'aimer, ton sourd-muet... murmura Lenz à Julia, le soir où, pour la première fois, la plaque de bronze de la famille, disposée d'aplomb, passa la nuit à ses côtés : polie, brillante, débarrassée de toute impureté et débarrassée, enfin, du nom faible de son frère aîné, Albert, dont on pouvait dire, dès lors, que c'était comme s'il n'était jamais venu au monde.

Mais le lendemain il avait déjà oublié tout cela et, quelques jours plus tard, personne n'eût été capable de mettre la main sur la plaque. Il y avait des questions autrement plus importantes à régler.

De quel métal les mains sont-elles faites ?

L'oubli d'un nom

1

Au milieu de ces bouleversements de grande ampleur – de grande ampleur non pas dans l'espace ou par la dimension des actes accomplis, mais dans ce qu'on pourra désigner comme le champ de la conscience, l'esprit de Lenz –, quelle place occupait à présent le souvenir de sa femme ? Très clairement : elle avait toujours occupé une place insignifiante et cela était apparu avec encore plus d'évidence avec le travail récemment effectué par Gustav sur la plaque de bronze de la famille. Il n'avait pas été nécessaire d'effacer le nom de sa femme, Maria Buchmann, puisqu'il n'y avait jamais été inscrit.

Sur aucun objet au monde occupant réellement de l'espace ne figurait le nom de la femme de Lenz. Certainement, sur bien des documents – d'innombrables feuilles de papier – on avait dû inscrire le nom de sa femme ; au moment de sa mort, de son assassinat, son nom, Lenz s'en souvenait bien, avait même figuré à la une de nombreux journaux et, les jours suivants, dans les pages intérieures. Mais comment s'appelait-elle ?

À cet instant précis, Lenz était incapable de s'en souvenir. Quelle importance ? Ce nom n'avait pas réussi à imprimer en lui, Lenz Buchmann, ne serait-ce que sa première lettre.

Il n'aurait pas pu dire qu'avoir tiré sur le fou, qu'il ne connaissait presque pas, et sur sa femme avait été la même chose. Cependant, pour autant qu'il s'en souvînt, ses mains, lorsqu'il avait tiré sur sa femme, étaient restées neutres, comme si elles n'avaient été que le simple prolongement matériel de l'arme, et il ne se rappelait pas avoir tremblé, à aucun moment.

Il ne se rappelait pas non plus avoir ressenti une quelconque émotion. Ni avant ni sur le moment ; ni après, lorsque, d'en haut, dans la position du vainqueur, il avait regardé les deux corps afin de déterminer quel serait le meilleur paysage à offrir aux enquêteurs de la police criminelle pour les convaincre de la véracité de son histoire.

Il se souvenait d'avoir placé les deux corps – tel un metteur en scène – à l'endroit et dans la disposition qu'exigeait l'histoire qu'il avait en tête. Et même à ce moment-là, ce qui le liait à sa femme n'avait rien à voir avec des sentiments. Il s'agissait d'une simple sensation physique : il se trouvait face à une masse concrète qu'il fallait traîner et changer de position.

Avec un cynisme qu'il ne tentait même pas de contrôler, Buchmann pensait parfois que ce qu'il avait ressenti avec le plus d'intensité à propos de sa femme – au-delà du désir purement bestial qu'elle lui inspirait –, c'était le poids de son corps mort, d'un corps qui ne collabore pas et qui par là même révèle d'une certaine manière tous ses défauts.

Il avait tué sa femme et n'en éprouvait aucun remords. Songer à une confession ou à quelque chose de ce genre eût semblé absurde aux yeux de Lenz : estimant que rien de significatif n'était arrivé, il n'avait pas à se mettre à genoux. Les souvenirs les plus nets qu'il conservait de sa femme concernaient leur activité sexuelle, cette façon qu'elle avait eue, après avoir compris certaines facettes de sa perversité, de se soumettre et d'accepter les pires humiliations, en participant avec la plus grande diligence aux jeux que Lenz Buchmann organisait en impliquant des tiers. Par ailleurs, il lui semblait évident que, si sa femme n'avait pas d'abord découvert, puis accepté et enfin servi ses inclinations perverses, son nom eût été inscrit à une autre profondeur dans l'existence de Lenz, au lieu d'occuper cette position neutre en surface. Comment s'appelait-elle donc ? Cela a été dit, Buchmann, à certains moments, avait peine à se le rappeler. Mais il faut ajouter qu'il y avait bien d'autres choses qu'il commençait à oublier.

Cacher les ordures de la ville

Il y a bien plus de sons sur la terre que ce que les hommes imaginent

1

Depuis déjà deux semaines, Lenz Buchmann ne quittait plus son lit. Une soudaine aggravation des conditions de son existence l'avait obligé, dirons-nous, à battre en retraite – lui qui quelques jours auparavant sortait encore, toujours aux côtés de Julia, mais sans prendre appui sur elle, pour faire quelques mètres de marche sur la place devant chez lui.

Mais son état de santé s'était détérioré et était apparue en outre une extrême sensibilité au bruit. Gustav et sa sœur s'efforçaient de ne toucher à rien et Julia, avec une attention et une générosité particulières, pourvoyait à tous les besoins de Lenz en semblant ne pas exister, n'être pas là – comme si elle avait été capable, sans avoir à bouger, de résoudre tous les problèmes. Effectivement, on ne remarquait pas sa présence mais seulement les effets de celle-ci.

Cette hyperacousie conduisit Lenz Buchmann à se plaindre à Julia du bruit que faisait le camion-poubelle lorsqu'il passait la nuit, aux environs d'une heure du matin, pour ramasser les ordures, les siennes et celles de bien d'autres maisons et immeubles répartis autour de cette place.

Il faut préciser que rien dans le fonctionnement des services de ramassage n'avait changé. Aucun camion d'un nouveau type, aucun véhicule subitement devenu vieux au point de faire plus de bruit ; les méthodes des éboueurs étaient rigoureusement les mêmes qu'avant et l'heure – une heure du matin – était inchangée depuis de longues années. Il n'y avait donc aucune modification des conditions extérieures.

Ce qui avait changé, en revanche, et de manière radicale, c'était le corps de Lenz. Lenz qui avait toujours vécu là et jamais ne s'était aperçu de l'accomplissement d'un tel travail, de la survenue de cet événement nocturne, pour ainsi dire : le ramassage des ordures.

Mais l'acuité auditive de Lenz et l'inconfort physique qui en découlait étaient tels désormais qu'il parvenait, par les seuls sons perçus, à déterminer à quelle phase exacte du processus de ramassage des ordures les éboueurs en étaient. Il y avait le bruit aigu, le terrible grincement du camion-poubelle lorsqu'il stoppait, encore loin de chez lui ; ensuite un bruit mal défini, étouffé, dont Lenz comprenait qu'il était celui que faisaient les hommes, encore à bonne distance de sa fenêtre, en sautant du camion (tels de nouveaux vautours qui sentent et repèrent les restes de loin) pour se diriger vers les sacs que les habitants déposaient à la porte des immeubles, avant de les charger avec peine sur leurs épaules, pour enfin les jeter dans une bouche prête à tout avaler.

Venait ensuite ce qui constituait toujours une surprise : quelques secondes de silence – et comme il souffrait alors au cours de cette poignée de secondes, en anticipant sur ce qui allait ou pouvait suivre. Puis, à nouveau, la progression du camion.

Nouvel arrêt, le crissement, plus près à présent, le

bruit des hommes sautant à terre, bien plus net maintenant, parfois la voix de l'un ou l'autre qui l'apeurait comme si un voleur était venu le menacer dans sa chambre ; une voix humaine au milieu de ces démarrages, arrêts et crissements de ferraille, une voix humaine au milieu des ordures, s'introduisant dans cette masse informe de mécanismes encore en fonctionnement, d'aliments en voie de putréfaction, d'objets amputés, démembrés, une voix humaine qui l'effrayait plus que tout le reste, parce qu'elle était humaine et que de la part des humains il avait toujours craint le pire, s'était toujours attendu au pire.

Ensuite, c'était exactement là, sous sa fenêtre : les bruits de l'engin qui s'arrêtait, le bruit répugnant des sacs mous tombant sur d'autres sacs mous. Parfois le bruit net que faisaient de petites choses expulsées d'un sac déchiré, bruit qui lui soulevait le cœur, comme un plat trop gras servi à un convive déjà rassasié. D'autres fois, les grossièretés des éboueurs dont il lui semblait qu'elles le prenaient directement pour cible, puis la lente diminution, presque sadique, de cette souffrance, lorsque le camion commençait à s'éloigner et que toutes les étapes du processus se répétaient, mais quelques mètres plus loin ; puis encore un peu plus loin, encore plus loin, jusqu'à ce qu'enfin tout semblât avoir disparu.

Lenz sentait alors que c'était fini, mais au moment de pousser un soupir de soulagement, un ultime grincement ou un filet de voix venaient lui rappeler qu'il n'en était rien, qu'il ne serait jamais en sécurité, qu'à tout moment ils pourraient revenir – soit qu'ils aient oublié de ramasser les ordures chez quelqu'un, soit qu'ils veuillent simplement le tourmenter jusqu'aux dernières limites.

Pourquoi les éboueurs ont-ils besoin de se parler ?

2

Ce qui l'irritait le plus dans tout cela, c'était le fait que ces hommes agissent en manifestant la plus totale indifférence à l'égard de son état. Ils devaient certainement savoir que c'était là qu'habitait Lenz Buchmann et ils devaient certainement savoir – tout le monde le savait – qu'il était souffrant, atteint d'une maladie grave, et il était donc incompréhensible qu'ils affichent une telle désinvolture, qu'ils ne fassent rien contre ces bruits sans cesse répétés, et surtout qu'ils continuent de parler, sans se soucier le moins du monde de sa souffrance. Pourquoi ne travaillaient-ils pas en silence, au moins ? Pourquoi avaient-ils besoin de parler ? Qu'avaient-ils à se dire ? Qu'avait à dire un homme qui portait sur son dos un sac dégageant une puanteur absolument inhumaine, ou trop humaine, ou cette puanteur qui se répand une fois que l'humain est repu, qu'avait bien à dire un homme comme ceux-là à un autre homme comme ceux-là – ces hommes qui ramassaient les ordures ? Que se racontent-ils ? se demandait Lenz. Des histoires drôles ? Ils commentent une nouvelle parue dans le journal ? Ils parlent de leurs enfants ? Pourquoi diable avaient-ils besoin de parler ? Pourquoi ce travail n'était-il pas fait par des sourds-muets ? Gustav Liegnitz, ce pauvre bougre de Gustav Liegnitz, serait parfait pour un tel travail. Pourquoi un homme qui ramasse les ordures a-t-il besoin de parler et d'entendre ? Un homme à qui il revient d'abord de localiser avec ses yeux les sacs noirs déposés à l'entrée des immeubles pour ensuite les porter d'un point à un autre – les faire disparaître de la vie normale des gens et les expédier on ne sait trop où, mais dans un endroit qui a au moins le mérite d'être loin : nous ne supporterions pas l'odeur que laisse derrière nous une seule semaine de notre existence. Très bien, oui, loin, jetez ces ordures très loin d'ici, mais faites-le en silence !

Buchmann résolut de se plaindre à Julia. Qu'elle aille parler à son camarade Hamm Kestner, le président du Parti. Il le comprendrait certainement, lui. Qu'on change les procédures, qu'on ramasse les ordures sur cette place en fin de matinée, ce serait parfait. Rien de plus facile que de résoudre ce problème, dit Buchmann, il suffit de faire faire ce travail en fin de matinée, insista-t-il. À cette heure-là, je ne dors jamais, expliqua Buchmann. Le bruit à cette heure-là n'a guère d'importance pour moi. Ils pourront parler autant qu'ils voudront. S'ils le veulent, s'ils ont des raisons pour cela, ils pourront même chanter, dit Lenz Buchmann.

Le président Kestner se montre toujours compréhensif

3

Le jour même, Julia revint en fin d'après-midi avec un visage qui, à première vue, ne laissait rien transparaître – ni de positif ni de négatif. Elle expliqua ensuite au Dr Buchmann qu'elle avait parlé directement à Kestner, ce qui était absolument exceptionnel et méritait d'être souligné : il vous assure de toute son amitié, de son *amitié fraternelle*, ce sont les termes qu'il a employés, qu'il a bien répétés et qu'il m'a demandé de vous répéter fidèlement. Il vous souhaite également un prompt rétablissement ; il a dit qu'il viendrait rapidement vous rendre visite, qu'il attendait seulement que soit réglée une question de la plus haute importance ; il a ajouté que personne ne toucherait à votre bureau – de vice-président –, qu'il vous était réservé. Le président a même dit que vous aviez oublié ce livre que vous lisiez tout le temps et n'a pas voulu me le rendre parce que, a-t-il dit, le livre vous attend, attend votre retour en force, on a besoin de votre vigueur et de vos idées. Il a dit par ailleurs qu'avant-hier la cérémonie de commémoration du premier anniversaire de l'attentat commis au théâtre a été extraordinaire et que votre nom, le nom du cerveau le plus important de la ville, ce sont les mots de Kestner – et je ne fais que les répéter, dit Julia –, que votre nom avait été prononcé par plusieurs orateurs et que lui-même l'avait proféré à trois reprises, trois reprises, a-t-il insisté : M. Lenz Buchmann. En revanche, il m'a indiqué qu'il n'était pas possible de modifier les procédures ni les heures de ramassage des ordures : elles sont en vigueur depuis de longues années et le système en place fonctionne efficacement. Il a ajouté qu'étant donné l'importance que vous accordez à la ville, il était convaincu que vous comprendriez. Il donnera cependant des consignes pour que les éboueurs modèrent leurs échanges ; il a promis que les ordures seraient ramassées dans le silence le plus pur, comme si ces hommes – d'après ses propres termes – n'avaient pas à collecter des détritus mais à veiller un mort, dans le silence absolu. Il est convaincu que vous allez rapidement renouer avec ce sommeil paisible dont nous avons tous besoin. Il m'a rappelé qu'il gardait, pour vous la remettre plus tard en mains propres, une plaque qui lui a été transmise à votre intention – au Dr Lenz Buchmann, amicalement – par l'Association des anciens combattants à laquelle appartenait votre père, et que cette association souhaitait organiser très prochainement un rassemblement en votre honneur, une cérémonie d'hommage très simple mais qui viserait à exprimer toute l'amitié que la ville a pour vous. Enfin, alors que je m'apprêtais à sortir, le président Kestner a tenu à dire qu'au plus tard la semaine prochaine il passerait vous rendre visite et qu'alors il voulait que vous le receviez debout et avec une accolade plus vigoureuse que celle d'un jeune homme de vingt ans. Il a également dit…

À cet instant, Lenz Buchmann, fermement, fit signe à Julia de se taire. Et Julia se tut.

Une opération nocturne

Que retentissent les cloches
quand ma main donnera le signal

1

Gustav Liegnitz se plia à la demande insolite que lui fit Lenz Buchmann dans les derniers moments de sa vie. Certes, elle était sans aucun doute l'expression d'un désir irrationnel et totalement absurde, mais dans la mesure où elle émanait d'un corps qui dépérissait chaque jour un peu plus, il ne pouvait refuser de l'exaucer.

Lenz demanda à Gustav d'inscrire une phrase partout dans la ville. Que, de nuit, à l'insu de tous, il l'écrive sur les murets qui séparent les propriétés, sur les façades des maisons, des bâtiments publics, partout.

Il lui demanda également d'observer la plus parfaite confidentialité sur l'opération. De n'en rien révéler à personne. Pas même à sa sœur Julia. Il alla jusqu'à lui recommander un type de peinture forte quasiment impossible à gratter ou à effacer, ce qui impliquait, pour celui qui voudrait faire disparaître la phrase, de faire repeindre le muret ou la façade. Il écrivit sur un bout de papier la marque de cette peinture que Gustav Liegnitz devrait utiliser, ainsi qu'en lettres minuscules la phrase qu'il lui faudrait inscrire partout dans la ville au cours d'une de ces prochaines nuits.

C'était un détail particulièrement important : tout devrait être fait en une seule nuit, pour éviter tout obstacle postérieur. Peindre sur des murs, qu'il s'agisse de bâtiments privés ou publics, était un délit. Du reste, écrire une telle phrase représenterait parfois un énorme danger pour Gustav, car certains édifices seraient probablement surveillés par des vigiles.

Lenz fut exhaustif : il consigna sur une feuille l'ensemble des points, des façades et des murs sur lesquels la phrase devrait apparaître. Et il présenta cette demande comme une exigence qu'il était hors de question de décevoir.

Deux jours plus tard, Gustav Liegnitz, le muet, mena à bien, seul, une opération qui était, d'un point de vue strictement pratique, absolument admirable, ce qui ne fut possible que grâce à un effort physique considérable et à une adresse hors du commun.

Le lendemain, les premières lueurs du jour révélèrent aux lève-tôt le nouveau visage de la ville.

Sur d'innombrables murs – la plupart figurait sur la liste dressée par Lenz, d'autres non, qui n'en sautaient pas moins aux yeux, telle une tache gigantesque, notamment à l'arrière du bâtiment principal du siège du Parti –, s'étalait cette phrase qui submergeait, envahissait entièrement la ville et obligeait ses citoyens à s'arrêter, médusés.

Écrite en noir sur le mur de briques rouges d'une école primaire, la phrase disait : *Mort à Lenz Buchmann !*

Quelques mètres plus loin, sur la façade de la poste : *Mort à Lenz Buchmann !*

Juste à côté, sur le mur latéral d'un immeuble d'habitation : *Mort à Lenz Buchmann !*

Dans une rue étroite débouchant sur l'une des principales places de la cité, le long d'un mur : *Mort à Lenz Buchmann !*

Inscrite sur un trottoir de la basse ville : *Mort à Lenz Buchmann !*

Dans un coin, à demi caché, de l'un des murs latéraux de l'hôpital central : *Mort à Lenz Buchmann !*

Sur la façade d'un cabinet d'avocats réputé : *Mort à Lenz Buchmann !*

À l'extérieur d'une crèche : *Mort à Lenz Buchmann !*

Sur le flanc d'un bus : *Mort à Lenz Buchmann !*

À l'entrée de l'un des jardins de la ville, au sol : *Mort à Lenz Buchmann !*

Sur l'extérieur blanc des toilettes publiques de ce même parc : *Mort à Lenz Buchmann !*

Sur le monument aux morts de la dernière guerre, en commençant à la base de la statue pour finir en son milieu : *Mort à Lenz Buchmann !*

Sur le tronc d'un arbre, probablement à l'initiative de Gustav qui l'aura décidé instinctivement, vu que de tels éléments ne figuraient pas sur la liste, de bas en haut : *Mort à Lenz Buchmann !*

Sur une maternité, sur divers bâtiments privés, sur deux voitures garées dans l'une des rues donnant sur la place centrale, sur la place centrale elle-même, sur la base en marbre tout autour de la fontaine, sur la façade d'une banque sise sur cette même place, sur la façade de deux permanences du Parti et à l'arrière, comme nous l'avons vu, du siège de celui-ci, sur l'immeuble où les retraités venaient retirer leurs pensions, à l'arrière d'une des bibliothèques de la ville et, enfin, sur la façade principale de la maison familiale des Buchmann, cette phrase, peinte en noir : *Mort à Lenz Buchmann ! Mort à Lenz Buchmann ! Mort à Lenz Buchmann !*

Consulter les horaires

Perdre le contrôle ou créer un monde ?

1

Assis dans son lit, en pyjama, les mains tremblantes – comme s'il se trouvait déjà dans le moyen de transport concerné et soumis à ses soubresauts –, Lenz Buchmann essayait vainement depuis de longues minutes de consulter les horaires de train et de tirer une conclusion de cette consultation. Le tremblement de ses mains, qui s'aggravait de jour en jour, était à cet instant d'une telle intensité que Buchmann ne parvenait pas, en définitive, à associer une ligne à une colonne : les heures de départ et d'arrivée inscrites dans les colonnes du dépliant semblaient fuir ou, du moins, s'éloigner des noms de villes, des arrêts figurant sur les lignes.

Le jour suivant marquerait le vingtième anniversaire de la mort de son père, et Lenz, contre l'avis de Julia et du médecin qui le suivait, avait manifesté le désir de se rendre dans la ville natale de Frederich Buchmann, où il se trouvait enterré. C'était une date importante.

Julia s'était proposée pour choisir les heures de départ et d'arrivée du train, mais Lenz avait insisté : il voulait prendre la décision lui-même.

La situation était tristement absurde. Entre les mains de Lenz, le petit dépliant tremblait : les horaires et les noms de villes se balançaient, semblaient constamment changer de position, et lui était incapable de stopper ce mouvement, de se concentrer sur le simple croisement d'une ligne avec une colonne.

Entre-temps, Julia s'était installée à ses côtés pour étudier les horaires en cherchant, sans que Lenz s'en aperçoive, à soutenir un peu sa main droite, en la tenant d'une façon qui pouvait facilement passer pour une caresse affectueuse. Julia s'efforçait en outre, avec sa main libre, de pointer la ligne qui indiquait clairement le nom de ce vaste espace, de ce point du monde où ils se trouvaient, puis déplaçait lentement son doigt sur cette ligne afin de signaler à Lenz les horaires possibles pour leur départ : 8 h 45 ; 9 h 30 ; 10 h 15 ; 11 h 00 ; 11 h 45. Elle s'arrêta là, sur ce dernier horaire. Plus tard, cela ne convenait déjà plus.

– Vous voulez partir le matin, n'est-ce pas, monsieur Buchmann ? C'est mieux…

De la tête, Lenz Buchmann fit signe que oui, le départ se ferait le matin.

Julia poursuivit avec délicatesse :

– Le voyage dure deux heures. Si nous prenons celui de 11 h 45, il sera près de quatorze heures lorsque nous arriverons. Cela me paraît très tard, non ?

Cela faisait tard, convint Lenz. D'un autre côté, un départ à 8 h 45 ou à 9 h 30, cela semblait trop tôt.

– 10 h 15 ? Nous arriverons juste après midi.

Lenz pria Julia de lui montrer à nouveau ce train sur le dépliant et Julia, une fois encore, parcourut avec l'index de sa main gauche la ligne indiquant les heures de départ ; puis, en descendant un peu, elle parcourut la ligne qui indiquait les heures d'arrivée. Elle s'arrêta sur 12 h 10, avant de remonter, dans la même colonne cette fois, le court intervalle qu'elle avait parcouru jusqu'à atteindre l'heure de départ. Et elle répéta encore une fois, comme si elle s'adressait à un enfant :

– Le train part d'ici à 10 h 15 et arrive à 12 h 10. C'est parfait, s'exclama-t-elle.

Lenz acquiesça.

Dans ses mains, le dépliant ne cessait de bouger dans tous les sens.

À cet instant, fatiguée par l'effort de retenue que cette infime décision avait exigé, Julia songea tout à coup, en observant le tremblement de ses mains, que M. Buchmann était en train de battre un jeu de cartes ; ou, plus précisément, de mélanger des villes et des heures, en bouleversant tant l'ordre spatial des villes et leur localisation relative que l'ordre temporel.

Si on faisait abstraction du fait qu'il résultait d'une grave maladie, ce geste faisait naître une impression de puissance, ou du moins une illusion de puissance, absolument divine : si, en d'autres temps, quelqu'un avait observé ce même homme (Lenz Buchmann) dans cette même situation (les mains agitant les horaires de trains), il aurait pu croire que cet homme – Lenz Buchmann – se pensait capable, d'un simple mouvement de ses mains, de bouleverser, de perturber, de détruire en somme, l'ordre antérieur du monde, en modifiant les positions de chaque homme dans l'espace et la structure chronologique à laquelle chaque corps était habitué.

En d'autres temps – sans remonter les siècles : il suffisait de revenir une année en arrière –, lorsque Lenz Buchmann occupait lui-même une autre position, ce tremblement des mains aurait évoqué non pas les conséquences d'une maladie, mais un tremblement divin, le tremblement de quelqu'un qui, en disposant les villes et les heures – et avec elles, les hommes et toute la nature – sur un autre plan, était à la vérité en train de créer un nouveau monde.

À la gare

Une constatation : un regard n'a pas la même valeur pour le regardeur et le regardé

1

Lenz n'avait pas pris le train depuis des années. S'il avait choisi ce moyen de transport, c'était en partie parce qu'il était lié à de bons souvenirs d'enfance. Qui plus est, il souhaitait que ce voyage – qui le conduirait probablement pour la dernière fois auprès de la tombe de son père – fût le plus discret possible et, désormais, sans que cela ne repose sur rien de rationnel, il lui semblait que le moyen le plus discret de se déplacer consistait à voyager au milieu d'une masse de gens anonymes.

Cependant, Julia et lui arrivèrent très en avance – car Julia, à présent, prenait des précautions pour le moindre de leurs mouvements. Ils s'en trouvèrent exposés à la vue de tous, dans la gare, ce que Lenz ne souhaitait certainement pas. Le train partait à 10 h 15 et il n'était que 9 h 10 lorsque, les billets en main, Julia et M. Buchmann allèrent s'installer sur un banc du hall de gare, pour attendre.

Comme toujours à cette heure de la matinée, il y avait foule. Certaines personnes – qui venaient d'arriver ou se dirigeaient vers les quais – ne pouvaient s'empêcher d'observer ce couple étrange : une jeune femme et un homme maigre, très maigre ; dont la maigreur et le visage trahissaient immédiatement les effets d'une grave maladie. Ceux qui passaient par là devaient penser qu'il s'agissait d'un père et de sa fille. Une fille dévouée qui accompagnait son père malade partout où il allait.

Lenz Buchmann remarqua les regards qui se portaient sur Julia et lui et les interpréta tous sans exception comme provenant de personnes qui le reconnaissaient, lui, le puissant Dr Lenz Buchmann et toujours vice-président du Parti. Alors qu'il n'en était rien.

Ils étaient peu nombreux, peut-être un ou deux, à avoir identifié cet homme cadavérique et éteint comme étant le vice-président du Parti. Cela dit, la plupart des gens ne l'auraient pas plus reconnu s'il avait conservé son apparence d'autrefois et la pleine santé qu'il affichait sur les photos et les représentations qu'on connaissait de lui.

Ces gens-là, qu'avaient-ils à faire de la politique, quels visages retenaient-ils sinon ceux de leurs proches parents – enfants, femme, mari – et de quelques voisins dangereux ? Même lorsqu'il respirait la santé, qu'il était plus en chair et plus coloré, ce visage ne les concernait pas le moins du monde. Ils n'imaginaient pas une seconde que ce visage, quelques mois auparavant, avait été tout près de se trouver positionné juste au-dessus – seulement quelques centimètres au-dessus – d'une main droite – appartenant du reste au même corps – qui aurait pu signer des lois capables de changer de fond en comble, si nécessaire, la vie et les conditions d'existence de chacun d'eux, de tous ceux qui, à présent, ignoraient complètement, dans leur hâte, cet homme et sa déchéance, et obéissaient à leur désir obsessif de ne pas s'arrêter, de sortir de là au plus vite, pour gagner une autre ville ou un abri à la localisation précise, plus familier que cette gare.

Ils ressemblaient à des herbivores ne sachant toujours pas reconnaître, après des siècles d'apprentissage, quels animaux sont carnivores, ni lesquels, par leur proximité et leur vitesse, sont pour eux les ennemis les plus redoutables.

Distraits, les gens traversaient donc la gare en voyant dans cet homme malade un homme malade, incapables qu'ils étaient de voir dans cet homme désormais malade celui qui, des mois auparavant, avait été l'animal le plus redoutable, celui qui les avait tous menacés ; celui qui avait été prêt à tout et pour qui les autres, ceux qui passaient là à présent, n'étaient que le rebut de l'humanité, les restes qu'avaient laissés derrière eux les hommes d'importance, pour que, si possible ou si nécessaire, les services de la ville les ramassent et les emportent au loin, là d'où la puanteur ne pourrait plus se faire sentir. Le loup était malade ; personne ne le reconnaissait comme loup.

Du quai jusqu'à la place à bord du train ; ou deux temps qui ne coïncident pas toujours

2

Tels des enfants bien sages, à dix heures, Julia et Buchmann se trouvaient déjà sur le quai, regardant avec anxiété la voie encore vide qui semblait annoncer l'arrivée de quelque chose de grandiose et non pas simplement l'arrivée d'un train.

Dix minutes avant l'heure, Lenz Buchmann pestait déjà contre ce train qui ne respectait pas les horaires indiqués sur le dépliant. Une seconde après, il accusait Julia de l'avoir mal lu.

De temps à autre, comme s'il s'était agi d'un tic, Buchmann caressait de sa main gauche le petit objet métallique – une clé – qu'il avait dans sa poche. À l'abri des regards, sa main gauche ou, plus exactement, ses doigts exécutaient le même genre de geste que le croyant qui caresse indéfiniment une croix ou un rosaire, comme si dans la poche de l'un et de l'autre se trouvait une boussole qu'il leur fallait, du bout des doigts, consulter à intervalles réguliers.

Peu à peu, le quai commença à se remplir.

La mère avec son enfant, main droite ferme, puissante, qui n'autorise pas l'enfant à partir en courant comme il semblait en avoir envie ; une famille au complet, deux enfants, peut-être neuf et dix ans, parents paisibles, sérénité absolue ; également des hommes et des couples frustes, certains franchement rustauds, avec l'air de fuir la grande ville pour aller se mettre à l'abri sur leur lopin de terre, au fond de leur taupinière. Beaucoup de monde, des bruits de valises, des cris, des conversations tronquées, puis, soudain, une anxiété conjointe, synchronisée : il était 10 h 13 et le train n'allait pas tarder ; les cous s'inclinèrent vers l'avant et pivotèrent, les pieds restèrent là en bas, et des dizaines d'yeux se fixèrent ainsi dans la même direction, une direction spatiale – le train venait de là-bas, de ce côté-là – mais aussi temporelle. Car on sentait bien que tout le monde avait les yeux tournés vers 10 h 15 ; et cette heure précise semblait prête à surgir, sous une forme matérielle, là, sur la voie ferrée.

Parfois, l'une ou l'autre de ces paires d'yeux oscillait entre la grande pendule de la gare (afin de vérifier l'heure exacte) et la voie toujours vide, comme quelqu'un qui a deux montres et s'efforce de régler l'une sur l'autre. Mais en réalité il n'y avait pas deux montres. Tout au plus y avait-il deux temps : l'un, planifié, prévu, et l'autre, le temps réel – matérialisé ici sous la forme du train –, le temps dans lequel les choses se produisaient réellement, temps visible qui n'obéissait à aucun mécanisme que l'homme pût contrôler – et cela était évident puisque la pendule de la gare indiquait déjà 10 h 23 et que le train n'était toujours pas là.

On était face à une machine – la pendule – qui indiquait l'heure d'arrivée d'une autre machine – le train. Et pourtant, ça ne marchait pas, il y avait désynchronisation : ce que les hommes désiraient et avaient couché sur le papier ne s'était pas produit. Alors, comment fallait-il donc régler ces deux temps, compte tenu de l'ensemble des autres événements que le monde et les hommes produisaient ? Telle est la difficulté, pensait à cet instant un Lenz affaibli, la rencontre est si rare : deux choses qui désirent se croiser et qui se croisent vraiment, au moment et à l'endroit voulus.

Mais le train finit par arriver et la foule s'avança vers la rame avec une brutalité qui, seulement chez certains, hésitait entre la ruée à bord et l'expression d'un reste ténu de bonnes manières.

Lenz Buchmann, en la matière, eut droit à des égards réservés à une infime minorité sur ce quai de départ (peut-être tel ou tel vieillard, un enfant, une mère portant un bébé dans ses bras) : on le laissa passer en premier.

Lenz monta donc à bord du wagon tandis que, derrière lui, Julia l'aidait en le poussant légèrement, d'une façon qui se voulait aussi discrète que possible.

Ensuite, une fois à l'intérieur, ils gagnèrent leurs places et s'assirent l'un à côté de l'autre. Lenz Buchmann affichait la même fatigue et la même satisfaction que celui qui parvient enfin, après une longue escalade, au sommet d'une montagne.

– Vous êtes fatigué, monsieur Buchmann ?

M. Buchmann ne put même pas répondre, il leva seulement sa fragile main droite pour faire clairement comprendre à Julia qu'elle devait attendre, qu'une fois qu'il aurait repris son souffle, il parlerait.

Bien des kilomètres plus loin, M. Buchmann répondit que oui, il était fatigué.

Le retour sur la tombe du père

Dialogue sans témoins.
De quoi a-t-il été question ? Qui a parlé ?

1

Julia et M. Buchmann étaient déjà dans le train du retour, séparés par bien des kilomètres à présent de la ville natale de Frederich Buchmann et, plus précisément, de l'unique endroit de cette petite ville qui intéressait Lenz : la tombe de son père.

Ces moments passés auprès de la tombe de Frederich Buchmann avaient été pour son fils d'une intensité que personne n'aurait pu comprendre, qu'il ne pouvait partager avec quiconque. Julia, remarquablement discrète, semblait avoir disparu.

À quelques mètres de la sépulture, elle avait ralenti, lâché le bras de Lenz qu'elle tenait jusqu'alors, et après avoir laissé Buchmann avancer lentement et avec peine, elle s'était arrêtée, avait fait quelques pas pour s'écarter et s'était même tournée de telle sorte que, sans jamais cesser de surveiller M. Buchmann – car elle craignait à tout moment qu'il ne s'effondre –, elle avait donné l'impression de regarder du côté opposé. Et elle était d'une telle discrétion et d'une telle correction que, dans ce moment d'intimité, elle s'était obligée à penser à autre chose, à s'éloigner mentalement, afin de transmettre le sentiment, au moins à elle-même, qu'elle laissait autant d'espace que possible au moribond Lenz Buchmann pour qu'il fît ses adieux à son père. Car, cela ne faisait pas de doute : même si l'un était encore vivant et l'autre déjà mort, les deux hommes s'étaient dit adieu.

La perception qu'à l'évidence Lenz était en train de mourir avait marqué toute cette rencontre – on avait affaire à des adieux rares, totalement inhabituels : *celui qui s'apprêtait à mourir faisait ses adieux à celui qui était déjà mort*. Que pouvait faire la jeune Julia dans ces circonstances ? La belle Julia, toujours discrète mais pleine de vie et d'énergie, que pouvait-elle faire, prise entre ce qui mourait et ce qui depuis longtemps semblait ne plus être en vie ?

Elle avait eu le sentiment que, si ces deux hommes s'étaient mis à parler, elle n'aurait pas compris un mot de leur échange. Telle une imbécile ou une attardée, avait-elle pensé, même s'ils avaient utilisé le langage courant, elle aurait été incapable de saisir le sens de la moindre phrase.

À cet instant, pendant qu'une chose à laquelle elle était parfaitement étrangère se produisait entre les deux hommes – entre le père et son fils –, Julia avait pensé à elle, uniquement à elle, pour cette fois. Elle avait pensé, à ce moment précis, combien il commençait à être urgent de trouver un mari et, par-dessus tout, non pas de trouver (acte qui ne semblait guère dépendre de l'énergie et de la volonté individuelles), mais de faire (terme bien plus ferme), combien il était urgent de faire un enfant.

Il y a des choses auxquelles on ne peut absolument pas s'empêcher de penser, quand bien même on essaie de se convaincre que, précisément, on ne saurait y penser en vertu d'une certaine loi morale. C'est ce qui était arrivé à Julia au cours de ce moment où, seule, elle s'était obligée à penser à autre chose qu'à l'équilibre ou au déséquilibre de M. Buchmann sur ses deux points d'appui.

Julia avait songé à son chef, à l'homme qu'elle avait croisé presque fortuitement et qui avait changé sa vie, et même en essayant de se l'interdire, elle avait senti croître en elle l'envie de prendre ses distances face à cette déchéance. Elle avait désormais besoin d'un homme jeune et fort, qui la fasse avancer. Ce qui l'entourait en ce moment n'était plus son monde. Elle était jeune.

Julia avait rapidement chassé ces pensées, inappropriées en un tel endroit. D'autant que M. Buchmann était de retour. Mais d'où revenait-il alors ? Bonne question. Et qu'avait-il fait ? On pouvait également se le demander. Il revenait enfin – aurait pu répondre quelqu'un voyant les événements simplement – des abords d'une tombe où il avait pris part à un échange. Un doute persistait, cependant : au cours de cet échange, avait-il parlé ou seulement écouté ?

Petits mouvements perdus au cours d'un bref voyage

2

Julia faisait preuve d'une attention extrême, qui ne se relâchait jamais. Elle le protégeait dans toutes les situations, à tout moment. Elle anticipait la petite secousse du train en se plaçant de manière à ce que son propre poids contrôle celui de Buchmann ; en cas de freinage, elle plaçait son bras devant lui – comme une mère devant son enfant –, afin que Buchmann ne bascule pas ; elle lui redressait tout doucement le cou lorsqu'il s'endormait, en recherchant la meilleure position possible. Bref, Julia était la femme forte, qui veillait sur lui, anticipait les dangers et, si nécessaire, affrontait l'ennemi – même si celui-ci était d'une taille presque risible.

Un jeune homme qui, en traversant le wagon, sous l'effet du balancement du train, manqua de tomber sur M. Buchmann, qui s'était une nouvelle fois endormi : voilà un ennemi affronté. Une femme à la corpulence considérable, montée lors d'un arrêt, qui vint s'installer face à Buchmann, occupant en raison du volume de son corps une bonne part d'un espace ne lui appartenant pas. Voilà un autre ennemi que Julia eut à affronter, tandis que M. Buchmann dormait, dépourvu de tout instinct de défense, la bouche ostensiblement ouverte, avec un petit filet de bave au coin des lèvres, qui ne cessait de réapparaître, malgré le soin que Julia mettait à l'essuyer.

Ils furent bientôt revenus à la gare de départ. Julia avec la sensation qu'ils rentraient « sains et saufs » et M. Buchmann en manifestant une autre disposition, une sorte de joie, eût-on dit, comme s'il avait en même temps accompli un devoir et conjuré une peur que Julia ne pouvait comprendre.

Il est à noter qu'au cours de ce retour, comme ensuite dans la gare et tout le temps qui suivit, M. Buchmann ne refit pas une seule fois ce geste compulsif de la main gauche enfouie dans sa poche, qui avait consisté à caresser, retourner, manipuler sa clé dans un sens et dans l'autre ; pour la simple raison qu'il n'était pas revenu avec cette clé qu'il avait emportée dans la ville natale de son père, Frederich.

Une intimité imprévue

Julia

1

Le Dr Lenz Buchmann était couché, les yeux ouverts, et Julia, assise sur le rebord du lit, lui caressait le visage, ainsi qu'elle le faisait souvent.

Ce jour-là, cependant, ce fut différent. Quelque chose dans le corps de Buchmann réagissait : il était excité.

Julia le comprit et, très naturellement, sa main commença à descendre du visage de M. Buchmann vers son torse, pour commencer, puis vers son pénis.

Elle le toucha, légèrement d'abord, presque sans le vouloir, mais sa main revint et ses doigts enveloppèrent la base du pénis de M. Buchmann. Lentement, elle commença à faire monter ses doigts et à les faire descendre, à monter et à descendre, toujours lentement, comme si elle n'était pas là et comme si ses doigts n'étaient pas en train de faire cela.

Julia Liegnitz continua ; c'était la première fois ; elle ne savait pas trop s'il lui fallait continuer ou, au contraire, s'arrêter. Elle n'osait pas même regarder le visage de Buchmann, elle ne le voulait pas. Elle comprenait seulement qu'il ne disait pas un mot, qu'il restait parfaitement silencieux, ce qui pour elle signifiait qu'elle devait continuer. Alors elle continuait, faisait monter et descendre sa main, toujours au même rythme, en semblant prendre tout son temps – rien ne pressait.

Elle se décida finalement à observer Buchmann à la dérobée. Il avait à présent les yeux clos, ce qui dans un premier temps effraya Julia. Il lui traversa l'esprit que le Dr Buchmann venait de mourir ici même, à l'instant. Mais non. Il avait seulement les yeux clos, il était éveillé et sa respiration était perceptible. Elle détourna à nouveau le regard de son visage et continua de monter et descendre avec sa main le long du pénis du Dr Lenz Buchmann, le vice-président du Parti, officiellement toujours le deuxième homme le plus important de la ville, le fils de feu Frederich Buchmann, militaire de renom qui avait apporté un nouveau souffle à la destinée de la famille, laquelle avait atteint avec ce fils-là le niveau de prestige le plus élevé qu'une famille puisse ambitionner.

Soudain, une souris grise, minuscule, traversa la chambre.

Julia prit peur, stoppa instinctivement le mouvement de sa main sur le pénis de Buchmann et se leva du lit pour tenter de localiser la souris. D'où avait bien pu sortir cette bestiole ?

Julia, debout, regarda aux quatre coins de la chambre, ne vit plus la souris. Où avait-elle filé ?

Lenz Buchmann avait ouvert les yeux. Rien de plus, peut-être n'en avait-il plus la force. Toujours est-il qu'il ne fit pas un geste et que l'expression de son visage ne laissa pas transparaître le moindre changement.

Julia regarda autour d'elle, partagée entre la peur et la volonté d'oublier la souris, puis se rassit bientôt au bord du lit. Quelques secondes de flottement, le temps de se rappeler où elle était, ce qui s'était passé ; puis sa main revint sans tarder au pénis de Buchmann, d'abord avec une fougue excessive, avant de reprendre, en quelques instants, le rythme lent des montées et des descentes.

Entre-temps, Lenz Buchmann avait de nouveau fermé les yeux.

Changements significatifs dans la maison

Le monde ne s'arrête pas

1

Depuis déjà deux semaines, Lenz Buchmann ne contrôlait plus rien de ce qui se passait au-delà d'un mètre carré, et encore sa surveillance dans ce rayon ne s'exerçait-elle que visuellement. Il ne parvenait plus à se lever – la faiblesse de ses jambes et de ses bras ne le lui permettait pas – et cet état avait conduit le sourd-muet Gustav, sur les conseils de sa sœur, à installer dans la chambre du malade une télévision, appareil qui avait toujours été dédaigné par Lenz Buchmann car invitant à une passivité qui lui était naturellement intolérable. Les jours suivants, la télévision n'en resta pas moins au-dessus du meuble disposé face à son lit, et allumée en permanence.

Une aggravation encore plus inquiétante de l'état de Buchmann et la formalisation du testament qui leur conférait – c'est du moins ce que pensait Gustav, même si les biens revenaient uniquement à Julia – officiellement et légalement une autre position : ces deux faits combinés conduisirent les frère et sœur Liegnitz à devoir s'acquitter d'une quantité colossale de tâches administratives.

Il faut indiquer que le sourd-muet, ainsi que Gustav

continuait d'être désigné par Buchmann, s'était très rapidement amélioré pour prendre des décisions. En quelques semaines, il avait lui-même – avec l'aval de Julia, concédé dans une forme d'apathie et d'indifférence, car elle consacrait encore l'essentiel de ses forces à prodiguer à Lenz les soins dont il avait besoin –, Gustav avait donc lui-même pris une série de décisions significatives, allant du renvoi d'un employé, qu'il ne supportait plus, à la vente d'une petite parcelle de terrain – une parcelle dérisoire, mais qui leur permettait, tant que restaient en suspens d'autres questions plus longues à régler, de satisfaire un ensemble de besoins financiers urgents.

Par ailleurs, si un habitué était venu, ces jours-là, dans ce qui était auparavant la maison des Buchmann, il aurait certainement été choqué, se serait pincé plusieurs fois avant de revenir à la porte d'entrée pour s'assurer qu'il ne s'était pas trompé de numéro. En effet, l'intérieur de la maison avait subi de profondes transformations. Du mobilier aux menus objets, tout ce qui venait *de la maison précédente*, appelons-la ainsi, avait changé – d'emplacement aussi bien que d'aspect matériel –, voire tout bonnement disparu.

Dans le même temps, comme s'il s'était agi d'une montée des eaux, très lente mais ininterrompue, arrivaient jour après jour de nouveaux objets, des papiers et des dossiers concernant le travail du sourd-muet et de Julia, et même à présent, sans aucune retenue, une multitude de bibelots, de photos, sans compter deux nouveaux meubles de grande dimension hérités de la famille Liegnitz. Dans la mesure où, évidemment, le contenu de la maison précédente ne s'était pas complètement évaporé, celle qui était désormais objectivement la maison de Julia Liegnitz donnait à voir un mélange quasi grotesque d'éléments, de matières et de goûts, qui était finalement le mélange de matières et de goûts de deux familles aux traditions, aux habitudes et à l'histoire absolument distinctes.

Cette nouvelle maison, cependant, comme nous l'avons vu, était encore en ébullition ; les choses continuaient d'évoluer.

Aller jusqu'au bout

La serrure

1

Un matin, quelques minutes après que Julia fut sortie régler des problèmes urgents, en laissant M. Buchmann dormir paisiblement, Gustav Liegnitz, le sourd-muet, décida que l'heure était venue. Il y avait déjà songé plusieurs fois et sa décision était prise. C'est pourquoi ce jour-là il ne perdit pas un instant en préparatifs. Il savait que sa sœur s'opposerait à son projet, c'était donc le moment d'agir.

Après avoir jeté un œil dans la chambre de Lenz, profondément endormi, il monta au premier étage et, là, une fois arrivé devant la porte close de la bibliothèque, il fit de sa main droite le premier mouvement brusque : il tenta de forcer la poignée.

Personne ne savait où se trouvait la clé de la bibliothèque. Que s'était-il passé ? Où pouvait-elle être ? Buchmann ne se rappelait pas où il l'avait mise et Julia, que le contenu de la bibliothèque laissait absolument indifférente, s'était désintéressée de la question. Aussi cette pièce était-elle restée fermée durant des mois ; c'était la seule dans laquelle les Liegnitz n'avaient pas encore pénétré.

Le sourd-muet commença donc par essayer – par de

petites secousses et des pressions vers l'avant et vers l'arrière, vers la gauche et vers la droite – de faire céder la serrure. Cependant, il sembla vite évident que ce serait bien insuffisant.

Le sourd-muet, le benjamin des Liegnitz, s'écarta alors un peu de la porte et réfléchit durant quelques secondes. Soudain, alors qu'on aurait pu penser qu'il irait se mettre à la recherche d'outils pouvant l'aider, et peut-être même à sa propre surprise, il se précipita de tout son poids contre la porte de la bibliothèque, l'épaule la première. Le bruit qui se fit alors entendre n'eut pas le temps de suivre son cours – c'est-à-dire de s'estomper graduellement jusqu'à disparaître –, car immédiatement après, un nouveau fracas, puis encore un et encore un : quatre, cinq, six, huit, neuf fois, il jeta tout le poids de son corps contre la porte pour faire céder la serrure. Lui entendait cela comme on entend, depuis le fond d'une piscine, le cri poussé par quelqu'un qui se trouve hors de l'eau. Ce que lui-même faisait semblait se produire, grâce à son handicap, très loin de lui.

Cependant, dans l'esprit de Gustav, le sourd-muet, quelque chose s'était fixé définitivement et un retour en arrière était inenvisageable. Il avait une tâche à accomplir – défoncer cette porte – et il ne s'arrêterait pas avant de l'avoir achevée.

Il donna ensuite un coup de pied, d'abord de face. Puis, peut-être parce qu'il lui sembla ainsi pouvoir concentrer une plus grande puissance, il donna un nouveau coup de pied en se plaçant dos à la porte, il lança une ruade, c'est le mot qui convient, une autre ruade, puis encore une autre, et désormais cette masse humaine ne semblait plus capable que de mouvements qui, vus à distance, évoquaient ceux d'une bête.

En prenant son élan sur plusieurs mètres, il se lança

ensuite tel un taureau. Avec un maximum de vitesse et toujours en présentant d'abord son épaule, afin de ne pas se blesser, il se précipitait contre la porte en se considérant, à cet instant, non pas comme un homme mais comme une masse compacte faite pour détruire. Il se ramassait sur lui-même – les membres vers l'intérieur et les épaules rentrées elles aussi – et lançait ensuite toute sa puissance contre la porte, en provoquant une impressionnante succession de bruits fracassants.

À un moment donné, entre deux tentatives, il lui vint à l'esprit que ce vacarme, qui lui parvenait comme un son lointain et infime, mais qui extérieurement devait certainement avoir une autre intensité, avait peut-être réveillé M. Buchmann. Toutefois, il balaya sur-le-champ cette pensée en s'exclamant intérieurement : qu'est-ce que j'en ai à faire ! Même si Buchmann entendait quelque chose, il lui serait impossible de gagner le premier étage. Et de songer à cette faiblesse de l'autre lui donna de nouvelles forces ; oubliant les douleurs qu'il commençait à ressentir intensément sur l'un de ses flancs et aux bras, Gustav Liegnitz, le sourd-muet, accomplissant une tâche exigeant un grand effort physique, et qui se déroulait pour lui presque en silence – ce qui, d'une certaine manière, le tranquillisait ou, du moins, lui évitait de s'énerver –, rassembla ses dernières forces, recula de quatre bons mètres de cette porte déjà bien amochée, se précipita contre elle et boum !, à grand bruit la serrure explosa, la porte céda et, sans la moindre possibilité de se retenir, Gustav Liegnitz se vit projeté tel un boulet contre le sol de la bibliothèque des Buchmann.

Alors qu'il était à terre, il regarda autour de lui et, assurément, il n'y avait là que des livres. Mais il était content, très content.

La compassion est éternelle

L'aumône non

1

De temps à autre, le clochard, dont Lenz n'avait jamais su le nom, frappait à sa porte pour demander l'aumône et de la nourriture. C'était toujours Julia qui venait lui ouvrir et, comprenant qu'il avait été et était encore – car Lenz n'était pas encore mort – un protégé de cette maison, Julia lui offrait toujours un repas complet, qu'elle emballait avec soin avant de le lui remettre. Elle n'imaginait pas le moins du monde les innombrables épisodes intimes auxquels ce clochard avait été associé dans cette maison, presque toujours dans la cuisine, avec le Dr Lenz Buchmann et sa défunte femme. Et le clochard, qui avec son instinct de survie toujours actif avait saisi que quelque chose avait complètement changé, continuait d'observer, au sujet des liens étroits qui l'attachaient à cet homme puissant, la plus extraordinaire discrétion.

Parfois, il s'inquiétait de l'état de santé du maître des lieux :

– Et le docteur Buchmann, comment va-t-il ?

Julia lui faisait des réponses vagues, lui mentait à l'occasion : *Il va mieux* ou *Ça s'arrange*. Et le clochard répondait que c'était tant mieux, lui demandait de transmettre ses respectueuses salutations au Dr Buchmann, remerciait de leur gentillesse le docteur et mademoiselle, et ne doutait pas que lors de sa prochaine visite ce serait le Dr Lenz en personne qui viendrait lui ouvrir, en pleine forme.

Les jours passèrent et, évidemment, qu'il s'agisse des personnes saines ou de la personne malade, l'état de chacun changeait, comme le veut la nature humaine lorsqu'elle subit le passage du temps ; et telle ou telle réaction agressive de la part de Gustav ou même de Julia, ainsi que la diminution progressive de l'aumône en quantité et en qualité, firent que le clochard, peu à peu, réduisit la fréquence de ses visites. Puis arriva le moment où, au grand soulagement des Liegnitz, on cessa complètement de le voir dans le quartier.

Ne pas oublier ce qui ne saurait l'être

Apprendre à lire

1

La mémoire de Lenz était défaillante, nous l'avons dit, désormais à un point tel que cela choquait tous ceux qui le rencontraient.

À mesure que la maladie évoluait et particulièrement à compter du moment où il fut entendu pour chacun en ville que Lenz n'était pas seulement malade mais qu'il allait mourir, les visites se succédèrent à un rythme soutenu. De vieux confrères de l'hôpital, d'anciens compagnons du Parti, des parents éloignés, bref, une foule de gens vint à son chevet (avant de s'en retourner, naturellement). Il n'y eut guère que le président Kestner, retenu par une série d'obligations, à ne pas lui rendre visite.

Le premier choc avait lieu lorsque les visiteurs tombaient sur ce reste de corps, un corps qui semblait en train de disparaître du dedans, aspiré par un mécanisme de dégradation qui, chez lui, semblait être la dernière chose à fonctionner. Mais à cette première commotion causée par sa déchéance physique succédait un second choc qui ébranlait, chez tous les visiteurs, les convictions qu'ils pouvaient avoir sur l'existence humaine, la capacité de décision et la volonté. Ce second choc résultait de la constatation que Lenz ne se souvenait plus de personne (Julia disait, en s'efforçant de raviver ses souvenirs : monsieur Buchmann, c'est le médecin qui vous a opéré, vous vous rappelez ?).

Vous vous rappelez ?

Buchmann ne se rappelait pas.

Il ne se rappelait pas les noms, les circonstances dans lesquelles il avait rencontré ces gens, les événements, le degré de familiarité qu'il associait auparavant à un visage donné, etc. Et c'était un des détails qui choquaient le plus ceux qu'il avait intimement connus, cette façon qu'il avait de vouvoyer tout le monde : *mais monsieur, où donc vous ai-je rencontré ?*

On eût dit parfois que son affaiblissement n'avait pas entamé sa défiance instinctive qui, depuis toujours, l'avait incité à s'éloigner des hommes, à les tenir à distance. Il se défendait auparavant avec des arguments, des regards ou des décisions, et à présent qu'il était totalement exposé et vulnérable, peut-être intuitivement, sans en avoir pleinement conscience, avec ce *vous*, avec ce *monsieur*, avec cette manière distante qu'il avait de s'adresser à quiconque.

Sa mémoire, gravement atteinte, continuait de se dégrader à grande vitesse. À une vitesse presque incompréhensible. Ce n'était pas encore arrivé avec Julia, mais quelques jours auparavant, Lenz Buchmann n'avait pas reconnu Gustav Liegnitz. Il ne parle pas, celui-là ? avait-il demandé à Julia. Elle avait dû lui expliquer que cet homme était son frère, qu'il vivait dans cette maison depuis plusieurs mois : c'était Gustav Liegnitz – et elle répétait son nom avec insistance –, celui qui s'occupait de tout dans la maison.

Parfois, cependant, la mémoire semblait subitement lui revenir, dans un accès de clairvoyance, avant de disparaître à nouveau, après quelques minutes ou quelques heures.

Ayant encore un tant soit peu conscience de ce qui était en train de lui arriver, une conscience qui s'efforçait de résister, quelque part au fond de ce corps cadavérique, Lenz, un matin, se réveilla en ayant l'impression – qui se confirma ensuite – qu'il ne se souvenait plus comment s'appelait son père.

Ce jour-là, il demanda à Julia de lui écrire le nom complet de son père sur une feuille de papier qu'elle laisserait sur sa table de chevet.

Frederich ? avait-il demandé la première fois qu'il avait lu le nom sur la feuille. Julia avait répondu :

– Oui, Frederich Taubert Buchmann, c'était le nom complet de votre père.

– Frederich ? avait insisté Lenz.

– Oui, lui avait assuré Julia, c'était bien le prénom de votre père.

Les soirs suivants, d'un mouvement quasi imperceptible, Lenz Buchmann réclamait le papier, que Julia lui glissait entre les mains. Ensuite, pareil à un enfant s'exerçant à lire, Lenz murmurait le nom qui s'y trouvait écrit, le nom de son père, le répétait plusieurs fois avant de céder à la fatigue et de prier Julia de soigneusement conserver la feuille. Après quoi il s'endormait sur-le-champ.

Le centre se déplace

Le sourd-muet aussi veut participer

1

Dans la dernière phase de la maladie du Dr Buchmann, ses relations avec le sourd-muet Gustav changèrent radicalement.

Gustav Liegnitz avait enduré beaucoup de souffrances au long de sa vie. Dès la petite enfance, on s'était moqué de lui. Ensuite, il avait pu respirer un peu lorsqu'il s'était trouvé au milieu d'adultes qui, au moins, maîtrisaient leurs sarcasmes et le sentiment de supériorité qu'ils éprouvaient à son égard. Malgré tout, à aucun moment il n'avait connu le repos.

Il avait compris que, quoi qu'il advienne autour de lui, ou pour lui, qu'il devienne riche ou non, qu'il acquière du prestige ou non, qu'il progresse ou non dans la hiérarchie, qu'il ait ou non à ses côtés une jolie femme, il serait toujours un sourd-muet, quelqu'un qui ne perçoit que des sons lointains – les autres n'existaient qu'à travers des mouvements – et qui tente de communiquer au moyen de quelques *mmm* traînards. Ce sentiment d'être persécuté, dont il n'avait jamais réussi à se débarrasser, était revenu avec encore plus d'évidence et de force ces derniers temps, en raison de la présence du Dr Lenz Buchmann. Ce que celui-ci avait bouleversé de façon absolument radicale dans sa vie – les perspectives qui s'ouvraient désormais à Gustav étaient sans rapport avec ce dont il aurait pu rêver quelques années auparavant –, cette transformation presque magique avait en partie été réduite à néant par la suffisance narquoise avec laquelle Lenz Buchmann l'avait toujours traité, lorsqu'il était fort et en bonne santé, et, aussi étrange que cela paraisse, d'une manière encore plus vive après le déclenchement de la maladie. D'ailleurs, il ne se souvenait pas que Lenz l'ait jamais appelé, avant d'être malade, *le sourd-muet* au lieu d'utiliser son prénom. En revanche, après que la maladie se fut déclarée et à mesure qu'elle s'était aggravée, Buchmann l'avait constamment appelé *le sourd-muet*, exactement comme s'il s'était agi de son prénom. Et il utilisait cette expression tant en son absence – où est passé le sourd-muet ? – qu'en sa présence : alors, sourd-muet, ça y est, tu es rentré ?

Il n'y avait donc rien d'étonnant, à mesure que les facultés d'abord physiques puis mentales de Buchmann déclinaient, à ce que quelque chose se transforme également dans le corps, dans les mouvements, bref, dans toute la structure psychologique de Gustav Liegnitz. Il n'était pas question de se venger. Ce n'était absolument pas de cet ordre-là : une partie de lui était profondément reconnaissante – il ne pouvait en être autrement – au Dr Buchmann d'avoir ainsi transformé la vie de sa sœur et la sienne. Il ne s'agissait donc pas de penser à une vengeance ou à quelque action spectaculaire, mais plutôt de la sensation que, chaque jour un peu plus, la possibilité d'utiliser le sarcasme et la condescendance était en train de changer de mains : de celles de Lenz, elle passait aux siennes. Et Gustav

Liegnitz était un homme, il ne gâchait pas les occasions qui se présentaient à lui.

C'est ainsi que de petits épisodes se succédèrent, témoignant d'un changement du point d'origine du sarcasme – le centre se déplaçait.

Ce furent de petits épisodes insignifiants. Gustav – il le sentait – avait désormais le droit, parce que la force était de son côté, de se moquer, en se réfrénant tout de même, du Dr Buchmann sans que celui-ci le remarque. Rien que des vétilles, donc, à l'exception d'un épisode.

Plaisanteries que l'on peut faire aux dépens de qui a perdu la raison

2

Évoquons cet épisode.

Julia, pour la première fois au cours de cette dernière année, avait dû s'absenter pendant deux jours de l'ancienne maison des Buchmann – qui était maintenant, même si personne dans la ville ne l'appelait encore ainsi, la maison des Liegnitz. Comme elle était désormais l'unique propriétaire légitime des biens de Lenz Buchmann, elle était également la seule à pouvoir faire avancer une série de procédures administratives concernant d'anciens biens restés au nom du père de Lenz. Aussi avait-elle été contrainte de se rendre à nouveau dans la ville natale de Frederich Buchmann, sans Lenz cette fois.

Lorsqu'elle se vit seule dans le train, sans avoir à orienter toute sa vigilance et son attention vers un autre corps, Julia ressentit un immense soulagement. Il y avait des mois qu'elle n'avait pas quitté Lenz Buchmann, sinon pour quelques heures, et à présent, pour la première fois, à cause de ces démarches à effectuer, elle allait passer deux nuits seule, hors de la maison.

Avec Buchmann, outre Gustav Liegnitz, resta également une infirmière engagée spécialement pour ces deux journées. Le degré d'avancement de la maladie exigeait la présence de quelqu'un sachant lui apporter les soins nécessaires et Gustav n'était pas à même d'accomplir certaines tâches, impliquant des actes pratiques pour l'hygiène de Lenz, pouvant heurter certaines sensibilités. Lenz Buchmann n'avait plus besoin d'un homme ou d'une femme à ses côtés, il avait seulement besoin d'une infirmière. Pour cet aspect-là, tout se passa comme prévu : l'infirmière fit son travail.

Mais ce fut au cours de ces deux jours d'absence de Julia que survint l'épisode qui pourra éclairer quelque peu, étant donné sa malveillance purement gratuite, la nature du caractère de Gustav Liegnitz. Il était vindicatif, irascible, utilisait la force lorsqu'elle était de son côté et tentait de survivre lorsqu'il était le plus faible. Tel était Gustav.

Le premier soir d'absence de Julia, sans bien savoir comment justifier ce geste, sans même l'avoir planifié, après que Buchmann se fut assoupi – il passait en effet l'essentiel de son temps à dormir –, Gustav subtilisa la feuille sur laquelle était écrit le nom de Buchmann père (feuille que, chaque soir, Lenz lisait à plusieurs reprises à voix basse, pour ne pas oublier), et la remplaça par une autre où figurait non pas un nom mais une phrase.

Ce qui est certain, c'est que Buchmann, qui avait perdu toute notion de la réalité et se trouvait dépourvu de tout moyen de défense, deux soirs de suite, lut cette phrase pathétique, honteuse, qui attentait à ses valeurs les plus intimes mais d'une manière puérile, sans conséquences, et il la lut, en dépit d'une sensation d'étrangeté, en étant convaincu qu'il lisait et répétait le nom de son père.

Après cet épisode fomenté par Gustav, sans que personne s'en aperçoive puisque la feuille fut retirée avant le retour de Julia, Lenz Buchmann reprit, avec la bonne feuille, sans s'étonner, comme si rien ne s'était passé, comme s'il avait toujours lu la même chose, il reprit donc cet exercice désespéré consistant à essayer de fixer jusqu'à la fin dans son esprit le nom de son père, ce militaire prestigieux : Frederich Taubert Buchmann.

Frederich Taubert Buchmann, Frederich Taubert Buchmann, répétait inlassablement le moribond Lenz, au prix d'un grand effort. C'était là son ultime tâche.

Dans le dos, une surprise

Étirer et allonger

1

Julia était revenue depuis quelques jours déjà lorsque son frère, le sourd-muet Gustav, se présenta devant elle le sourire aux lèvres, les mains derrière le dos.

Avec ses *mmm* laborieux, il dit, et Julia comprit, quelque chose comme : tu veux voir ce que je cache dans mon dos ?

Julia sourit. L'atmosphère était tellement tendue ces derniers temps qu'il ne fallait pas se priver d'une joie comme celle-là, comme celle que le visage de son frère affichait avec autant d'évidence. Il lui vint à l'esprit l'idée d'un cadeau, que son frère pour quelque raison avait pensé à elle, à tous ses efforts pour maintenir la maison en ordre et surtout pour s'occuper de Buchmann.

Son frère, toujours tout sourire, ramena ses mains devant lui et exhiba une petite souris dans une souricière, morte. Julia poussa un cri. La petite souris grise était informe ; la tête avait pratiquement été tranchée sous l'impact du métal et seuls quelques fils, quelques liens fragiles faisaient que l'animal était encore, pour ainsi dire, d'un seul tenant.

Le reste du corps, quant à lui, sans avoir été touché par la partie du piège qui écrase, avait tout de même subi, par contamination, une forte commotion. Sans être informe comme la zone qui auparavant le reliait à la tête, le reste du corps de la souris semblait tout à la fois avoir rallongé et raccourci. D'ailleurs, on eût dit que c'était même la cause de sa mort : comme si deux forces avaient agi simultanément et que le corps n'avait pas supporté leurs effets conjugués : une force qui voulait raccourcir – peut-être était-ce la volonté de la souris (à moins que ce ne fût plutôt l'intention de la souricière, de raccourcir ?) – et une autre qui voulait allonger au maximum.

Julia était horrifiée, mais ne détourna pas le regard. À ses yeux, qui n'étaient pas habitués au fonctionnement d'une souricière, tout était étrange : était-ce la souris qui avait voulu s'étirer suffisamment pour atteindre la nourriture ou était-ce la souricière qui – comme deux hommes tirant dans des directions opposées – avait obligé ce corps à s'allonger au-delà de ce que pouvait supporter un organisme vivant ?

Gustav murmura à cet instant quelque chose comme : je l'ai eu, l'animal. Et Julia, dégoûtée, insulta Gustav de lui avoir montré cela.

Gustav ajouta, par gestes, qu'au vu de la localisation et de la quantité de déjections, il devait s'agir de la seule souris de la maison. Et il venait de l'attraper.

Dernier examen

Chercher de grandes choses

1

Il était désormais impossible d'enrayer la déchéance physique de Lenz et la présence du médecin qui le suivait depuis le début était à ce stade purement symbolique.

Julia assista cependant à ce que l'on pourrait appeler un dernier examen avant la mort, effectué par le Dr Selig, une des figures importantes de la profession médicale à l'époque – preuve du pouvoir et du respect que ce corps décadent possédait et imposait encore, même en étant si près de la fin.

Tout cela fit à Julia l'effet d'une autopsie étrange, une autopsie effectuée sous la surveillance du mort, non intrusive, réalisée seulement à la surface du corps, mais qui conservait malgré tout, du moins en apparence, un caractère d'exhaustivité et de rigueur. Julia assista à toutes les phases de l'examen, qui commença – ce qui ne manqua pas de l'étonner – au niveau du cuir chevelu du Dr Buchmann.

Julia eut l'impression absurde que le Dr Selig s'était mis en quête, sur le corps moribond de Buchmann, de poux ; comme si les poux (et leur existence éventuelle), pensa Julia, avaient en ce moment une quelconque importance. Et Julia songea même à intervenir pour dire au Dr Selig que, malgré tout le respect que sa science lui inspirait, il s'agissait à présent de découvrir de grandes choses et de les anéantir ; qu'il laisse donc les problèmes mineurs.

Cependant, il était entendu que ce n'était pas cela, ce n'étaient pas des poux que le Dr Selig cherchait sur le cuir chevelu d'un Buchmann passif, mais quelque chose de bien différent. Peut-être une certaine coloration, une absence de cheveux ayant quelque signification, bref, comment pouvait-elle le savoir, elle qui ignorait tout de la médecine ? Elle devrait se contenter d'observer, observer et ne pas dire un mot.

Et c'est ce que fit Julia.

Le petit marteau pour enfant

2

Le Dr Selig donc, ainsi que nous le décrivions, après avoir commencé sur le cuir chevelu et parcouru toutes les zones intermédiaires du corps, termina par la plante des pieds nus. Pour chacune des parties du corps de Buchmann, le médecin s'arrêtait, analysait, parfois notait une phrase dans son calepin. Il procéda également, avec la collaboration qu'il put obtenir de Buchmann, à quelques tests. À la base des pieds, par exemple, il utilisa un petit marteau et Julia pensa à un jouet, au marteau d'un enfant occupé à un jeu de construction. Cependant, il ne s'agissait pas ici d'un jeu ; c'était précisément tout le contraire. Le ton dominant, l'ambiance qui régnaient dans la pièce étaient d'un sérieux absolument figé. Personne ne souriait. Le médecin n'avait pas même un de ces bons mots qui, dans ce genre de situations, permettent de décompresser. C'était un technicien, cela se voyait, et il devait certainement être très bon sur ce plan, objectivement ; néanmoins, on comprenait en l'observant – Julia le comprit – qu'il lui restait encore quelque chose à apprendre. Il était évident qu'au milieu de ces petits tests auxquels il soumettait Buchmann – *Dites quelque chose pour que je puisse entendre le ton de votre voix. Vous arrivez à bouger correctement les jambes et les doigts de pied ?* –, au milieu de cet examen qui ressemblait à n'importe quel examen basique de première année, au milieu de toute cette tension, il était évident qu'un médecin se devait de prononcer une phrase un tant soit peu spirituelle. Aux côtés de quelqu'un qui était en train de mourir, il fallait préserver, autant que possible, une atmosphère détendue. Vu qu'il n'y avait déjà plus rien à perdre ni à gagner.

Ce fut le seul défaut de cet examen, le dernier qu'eut à subir le moribond Lenz Buchmann, effectué par le Dr Selig : le manque d'humour.

Et pour quelle raison le médecin faisait-il ce type de tests ? Il sembla à Julia, elle se trompait certainement, qu'il y avait chez lui une certaine complaisance à vouloir vérifier par le biais de menus examens ce que quiconque, elle par exemple, sans avoir fait d'études particulières et seulement en ouvrant les yeux, parvenait parfaitement à comprendre. Une complaisance morbide à confirmer la faiblesse de l'autre, une faiblesse sans rémission.

Le poids que la main supporte (questions difficiles)

3

L'un des tests du Dr Selig consista à vérifier quel poids les mains de Lenz étaient encore capables de supporter. Même si, techniquement, on ne pouvait la considérer comme telle, la main gauche de Lenz, en réalité, était morte ; elle n'existait plus en tant que main – partie du corps qui est faite pour saisir, tirer, tenir, pousser. La main gauche de Lenz n'avait pas même la force de tenir une feuille de papier pendant plus de deux secondes – c'était ce que lui avait demandé le Dr Selig.

Pour quelle raison fait-il cela ? C'est ce que ne cessait de se demander Julia. Tout cela lui semblait une humiliation inutile.

L'objectif était de vérifier combien de secondes la main gauche de Lenz parvenait à rester suspendue en l'air, au-dessus du matelas. La feuille de papier était importante non par son poids infime, mais en tant que leurre, prétexte, pour que la main de Lenz se lève. Elle était là pour essayer de donner un sens à ce test. Du reste, il était flagrant que c'était un prétexte et que le Dr Selig avait quelque peu improvisé ; en effet, c'est seulement en voyant que Buchmann n'avait pas la moindre envie de lever la main que le Dr Selig lui avait proposé cette tâche de tenir en l'air, pendant quelques secondes, une feuille de papier.

C'est lui en personne, le médecin, qui, sans demander l'autorisation et d'un geste qui dans un autre contexte aurait été considéré comme d'une indélicatesse absolue, avait pris la feuille qui se trouvait là, juste à côté, sur la table de chevet de M. Buchmann.

Évidemment, ce qu'il y avait d'écrit n'avait pas d'importance – Julia non plus, soit dit en passant, n'avait pas relevé cette intromission, involontaire il est vrai, dans l'intimité de Buchmann. Elle pensait à tout autre chose, et ce qui comptait pour l'examen c'était la feuille elle-même, en tant qu'outil, appât : afin de constater jusqu'à quel point la main de Buchmann parvenait à rester en l'air.

La vérité, c'est que la main gauche de Lenz ne se leva même pas – par manque de force (c'était évident) et peut-être aussi par manque d'intérêt.

Avec la main droite, le résultat fut différent. Lenz Buchmann parvint à la soulever de quelques centimètres – et le Dr Selig, immédiatement, pour l'aider, disposa les doigts du moribond en pince pour saisir avec autant de force que possible la feuille de papier.

Maintenant, dit le Dr Selig, essayez de rester le plus longtemps que vous pourrez la main en l'air. Mais il n'avait pas encore fini sa phrase que déjà la main droite du moribond retombait, pour retrouver le confortable support du matelas.

Ce n'est qu'alors que Julia prit la feuille et s'aperçut que c'était celle sur laquelle elle avait écrit le nom complet du père de Lenz – Frederich Buchmann. Cependant, elle n'accorda aucune importance à ce détail. Du reste, elle n'en eut pas le temps. Le Dr Selig était déjà passé des mains de Buchmann à sa poitrine et s'intéressait à présent au fonctionnement de ses poumons.

– Inspirez fort, demandait déjà le Dr Selig, et ensuite, de toutes vos forces, expulsez autant d'air que vous pourrez.

Le Dr Selig demandait cela à Lenz et, debout au pied du lit, aux côtés de celui qui réalisait cet examen implacable – un examen qui, nous l'avons dit, semblait bien scolaire avec ses questions basiques, mais qui, en même temps, était réalisé avec une rigueur neutre et impénétrable –, pendant que l'examen se déroulait, donc, c'était Julia, debout au pied du lit, qui, telle la tête de classe soufflant à l'élève plus faible, sans en avoir conscience, inspirait et expirait aussi profondément qu'elle le pouvait, faisant ainsi, en s'appliquant mais bien inutilement, ce dont M. Buchmann n'était plus capable.

TROISIÈME PARTIE

MORT

Le suicide se prépare

Tel père, tel fils

1

Les brefs instants où il était encore conscient avaient permis à Lenz Buchmann de prendre une décision. Il avait parlé à Julia, il ne pouvait en être autrement, et celle-ci, même sous le choc, n'avait pas réagi de manière irrationnelle.

Elle savait où en était non pas la santé – depuis longtemps déjà, on n'utilisait plus un tel terme dans cette maison – mais la maladie de Lenz, et elle connaissait également son attachement à certains principes de la famille Buchmann. À une époque lointaine – lorsque Julia Liegnitz exerçait encore avec d'évidentes compétences professionnelles les fonctions de secrétaire –, M. Buchmann avait déjà évoqué la question avec elle.

Son père, Frederich, s'était suicidé d'une balle dans la tête, et pour lui, un Buchmann avait le devoir de ne mourir que par le fer. C'était une obsession et un impératif non négociable. Mais Lenz, au vu de sa maladie, avait maintenant besoin d'aide pour s'y conformer.

Que s'était-il donc passé pour qu'il en arrive à cette situation humiliante ? Que s'était-il passé pour qu'il comprenne à présent, de façon claire, qu'il n'avait plus la force nécessaire – objective, musculaire, organique ?

Où avait-il failli pour en arriver à un point tel qu'il ne pouvait même plus prendre une arme et la retourner contre lui ? Comment s'était-il débrouillé pour ne plus être capable, par ses seuls moyens, avec son corps, d'accomplir une résolution ancienne ?

En effet, pour le jeune Lenz, âgé de dix-huit ans, puis pour le médecin réputé comme pour l'homme politique, cela n'avait jamais fait aucun doute. De par l'éducation qu'il avait reçue de son père Frederich et, plus tard, de par l'exemple concret que ce dernier avait donné, il avait toujours été clair qu'aucun Buchmann digne de ce nom ne pouvait mourir de maladie, à petit feu. Seule une mort violente, brutale, était acceptable. Dans un accident, à la guerre ou par suicide. Il n'y avait pas d'autre façon de sortir de scène, selon l'expression de Frederich.

Qui plus est, la mort de son frère Albert des suites d'une maladie avait rendu encore plus évident qu'un faible mourait en faisant preuve de faiblesse. Lui, Lenz Buchmann, n'était pas de cette race-là, il était de la même étoffe que Frederich, et n'avait rien à voir avec ceux qui profitent jusqu'au dernier moment du peu qui leur reste, ou même, à partir d'un certain stade, des miettes qu'on veut bien leur laisser.

En outre, il était le dernier représentant de cette lignée des Buchmann. Pour toutes ces raisons, il sentait qu'il avait commis une erreur. Il lui venait à l'esprit l'image de poules qui picorent les miettes que quelqu'un leur jette.

Lenz Buchmann, n'ayant pas toujours pleinement conscience de son état, était devenu l'une de ces bêtes minuscules qui ne désarment pas jusqu'à la dernière minute, qui grattent leur existence jusqu'à ce qu'il n'y ait plus rien à en tirer, pas le moindre petit morceau.

Là avait été son erreur : il n'avait pas réalisé à temps que sa maladie, à un moment donné, avait sauté par-dessus une crevasse dont les deux bords s'éloignaient tellement qu'il serait ensuite humainement impossible de la franchir en sens inverse. Depuis longtemps déjà, il n'avait plus la force de faire machine arrière, mais il ne s'en était pas aperçu. Il avait toujours été convaincu qu'il se remettrait d'aplomb. Parfois, même au cours de ces derniers jours, dans ces brefs moments de lucidité où sa vieille conscience se manifestait, il se voyait reprendre la place qui lui était due, de par la volonté qu'avait clairement exprimée la population : celle de vice-président du Parti. Et il allait jusqu'à échafauder des stratagèmes – il imaginait où il lui faudrait disposer la bombe qui devrait tuer le président Hamm Kestner.

Là avait été son erreur : il s'était laissé duper par la sensation qu'il y arriverait encore, que *ça* n'était pas encore terminé.

Alors qu'en réalité il n'y avait plus de retour possible.

C'est peu après le rigoureux examen auquel avait procédé le Dr Selig que Buchmann demanda à Julia de l'aider à mourir. Il n'était pas capable de saisir une arme – il l'avait définitivement compris au cours de l'examen qu'il avait subi –, il n'en avait plus la force. La seule chose qu'il lui demandait, c'était de tenir le pistolet ; il appuierait lui-même sur la détente. Ce geste-là lui incombait – il ne voulait pas qu'elle ait à supporter ce dernier fardeau.

Si ce n'est pas moi, ce sera toi

2

Connaissant le passé de Buchmann, ses idées, son attachement presque inhumain à la figure de son père et à l'exemple qu'il avait incarné, il était évident pour Julia qu'elle ne pouvait se soustraire à une telle demande. Cela eût même été injuste de sa part.

Le Dr Buchmann laissait littéralement entre les mains de Julia le soin de s'acquitter de la tâche la plus importante qu'il lui ait jamais confiée. Et pour cette dernière action comme pour toutes les précédentes, elle savait qu'elle n'avait pas le droit de se montrer incompétente, qu'elle n'avait pas le droit à l'échec.

Malgré tout, Julia expliqua à Lenz qu'elle se sentait incapable de faire une telle chose.

Pendant la journée, Julia réfléchit à une solution. Elle en parla à Buchmann, puis à son frère Gustav.

Ensuite, elle s'entretint de nouveau avec M. Buchmann, en tête à tête. Et celui-ci donna son consentement.

Julia se promène en ville

Que se passe-t-il chez les Buchmann ?

1

Ce matin-là, Julia sortit de bonne heure. C'est ce qui avait été convenu. Il lui eût été impossible de rester à la maison.

En refermant le portail, elle se retourna pour regarder la façade principale. On pouvait encore y lire, même si le noir était à présent bien estompé, la phrase : *Mort à Lenz Buchmann !*

Du reste, la situation était à peu près la même dans toute la ville. Peu à peu, les innombrables *Mort à Lenz Buchmann !* avaient complètement disparu ou, du moins, s'étaient presque effacés sous l'action des éléments, du soleil en particulier. Dans les endroits les plus importants – les lieux publics, le siège du Parti, les hôpitaux, la caserne des pompiers –, dans ces sites en vue, la phrase avait été recouverte de peinture dès les jours suivant l'opération. Pour autant, certaines personnes avaient l'impression que, même cachée, la phrase était encore là, désormais ensevelie, à l'endroit où ils l'avaient vue. Mais on eût dit que, de cette partie de la façade de l'hôpital ou du siège du Parti, émanait une énergie comparable à celle qui remonte à la surface du sol à l'endroit où l'on sait un corps enterré. Parfois, un père passant devant l'un de ces murs disait à son fils (en désignant, dans le fond, une paroi inoffensive, propre, recouverte d'une couleur uniforme) : Là-bas aussi, c'était un des endroits où ils avaient écrit *Mort à Lenz Buchmann !*

Les lieux publics avaient été, en effet, ceux qui malgré tout avaient le plus rapidement oublié, pour ainsi dire, cette phrase que quelqu'un avait inscrite. À d'autres endroits, bien moins importants – par exemple, sur la maison de tel ou tel particulier –, les vestiges de la phrase étaient nettement plus visibles, car, moins organisés, voire négligents, certains propriétaires avaient seulement passé par-dessus une nouvelle couche de peinture et c'est pourquoi restait encore, comme un cri provenant du fond d'un puits, étouffée, la phrase : *Mort à Lenz Buchmann !*

Il y avait même une maison dont le propriétaire était parti vivre à l'étranger et sur laquelle, pour cette raison, l'inscription était restée intacte. Il était intéressant d'observer que la phrase était restée plus visible, avait mieux résisté, dans les endroits secondaires que le sourd-muet Gustav, à la dérobée, avait choisi de cibler de façon aléatoire, instinctivement ou au hasard, cette nuit-là. En revanche, dans les endroits que Lenz Buchmann avait listés et présentés à Gustav comme ceux où il était impératif de peindre l'inscription, dans ces endroits-clés, la phrase avait été matériellement effacée et donc presque oubliée.

Julia, qui n'apprit que plus tard l'origine de toute cette opération, le matin où la stupeur générale avait frappé la ville, avait elle aussi été stupéfaite et même effrayée. Quelqu'un, avait-elle alors pensé, désire la mort de Lenz Buchmann et est peut-être même en train de la planifier.

Dans la ville et ses différents organismes, cet événement avait naturellement donné lieu à une série d'enquêtes. Mais finalement, personne n'avait été appréhendé et rien d'objectif n'avait été retenu contre quiconque. De Gustav, alors, il n'avait été nullement question.

De toutes les façons, ce matin-là, Julia avait bien autre chose à faire que de resonger à ces semaines troublées au cours desquelles le nom de Lenz Buchmann, en réalité déjà très malade, était revenu, d'une bien étrange manière, hanter la ville. Comme un fantôme, avaient dit certains.

Quelque chose se serait-il déjà passé ?

2

Tout en regardant la phrase *Mort à Lenz Buchmann !* en voie de disparaître sur la façade principale de la maison (elle n'avait jamais été effacée, par la volonté expresse du Dr Buchmann : Je veux qu'on se souvienne que j'ai été menacé), Julia pensait déjà à autre chose.

Elle imaginait ce qui pouvait être en train de se passer dans la maison. Et à mesure qu'elle avançait vers le centre-ville, les battements de son cœur s'accéléraient. Chaque minute, la probabilité augmentait que quelque chose soit en train de se passer, ou se soit déjà passé. Julia ne cessait d'y penser.

Elle avait quelque scrupule à ne pas se trouver aux côtés de Lenz Buchmann alors qu'il vivait ses derniers instants, mais elle pensait également – elle ne pouvait s'en empêcher – à certains projets, à ce qui devait encore changer dans la maison, à ce qu'il faudrait faire de cette chambre, dans laquelle la maladie s'était installée de si longs mois. Quel type de nettoyage...

En même temps qu'elle avançait à pas lents – elle se promenait pour être vue, elle s'arrêtait dans des boutiques, posait une question ou deux, faisait un achat, ressortait dans la rue, elle était vue, elle voyait –, elle songeait aux détails des funérailles.

Ils en avaient parlé quelques fois et, oui, il voulait que beaucoup de gens soient présents, la ville tout entière autour de lui, comme s'il était de nouveau celui qui occupait le centre, celui qui édictait les ordres, prenait les grandes décisions. Il était convaincu – il l'avait dit explicitement à Julia – que le fait de mourir d'une balle dans la tête, de forme tragique, abrupte, en refusant donc la lente progression de la maladie, il était convaincu que *ce geste soulèverait l'enthousiasme*, telle était l'expression qu'il avait utilisée ; le suicide ferait qu'à son enterrement se presserait une foule jamais vue.

Il savait parfaitement ce qui allait se passer. L'Église, afin de ne pas rater un moment aussi important, ferait comme s'il n'y avait pas eu de suicide, mais simplement la mort exigée par la nature, et prendrait donc part aux funérailles, en grande pompe. Cependant, pour toute la ville, dans les journaux, par exemple, la chose serait entendue – même si la cause de la mort devait être évoquée çà et là d'une manière plus ambiguë. Un suicide choquait toujours et il y avait chez les journalistes une espèce de pudeur les retenant d'écrire, en toutes lettres, que quelqu'un s'était suicidé, en particulier si cette personne se trouvait dans un état de santé précaire.

Dans tous les cas, d'une façon ou d'une autre, avec plus ou moins de précision, que ce soit par des discussions dans la rue ou par d'autres voies, les gens finiraient par apprendre que Lenz Buchmann s'était suicidé. Et ce geste, Lenz en était certain, lui vaudrait, pour la dernière fois, l'attention servile de tous. Comme si, même après sa mort, ils allaient encore chercher à s'attirer ses faveurs. C'était là ce qu'il ambitionnait.

Julia se trouvait donc, au cœur de la ville, absorbée

par ces questions, tout en se montrant, en s'exhibant, dans une attitude guère honorable mais incontrôlable : *Vous voyez ? Je suis là pendant que tout a lieu.*

Je n'ai rien à voir avec le suicide de Buchmann, voilà ce que disait Julia, en réalité, au moment où, pour la dixième fois, elle saluait, avec autant de sympathie que de discrétion, une connaissance croisée dans la rue.

L'importance d'un doigt

3

Dans la maison de Lenz Buchmann – qui était, en réalité, depuis longtemps déjà, la maison de Julia –, celui qui portait le même nom que son père, Gustav Liegnitz, pénétra dans la chambre du moribond. Lenz, les yeux ouverts, le reçut en faisant une grimace qui évoquait très vaguement un sourire, et c'était bien une tentative en ce sens, en effet.

D'une certaine manière, Buchmann s'efforçait encore de diriger les opérations. C'est moi qui commande, c'est moi qui contrôle la situation : c'était l'idée qu'il essayait de transmettre par son regard et le peu de gestes qu'il parvenait encore à faire. D'un léger mouvement de l'index de la main droite, il désigna le tiroir, mais c'était inutile, Gustav savait pertinemment où se trouvait l'arme ; ce doigt n'était qu'une tentative de commander encore un peu, d'être encore au centre.

Gustav prit le pistolet dans le tiroir.

Encore plus lentement que ce à quoi le contraignait la maladie, afin que ce sourd-muet le comprenne (d'où venait-il, ce sourd-muet, qui était-il ? Il ne s'en souvenait pas, mais dans sa tête était restée gravée l'idée que le sourd-muet était là pour faire *cela*), Lenz lui demanda de tenir l'arme, rien d'autre.

Gustav, le sourd-muet, fit ce qui était convenu : il prit la main droite de Buchmann, une main toute légère, qui semblait d'un poids nul, et disposa les doigts de sorte qu'ils entourent convenablement la crosse du pistolet.

Le Dr Buchmann avait toute sa main – tous ses doigts – autour de la crosse, mais n'avait aucunement la force de l'empoigner : c'était Gustav qui soutenait la main pour qu'elle ne tombe pas.

Puis le sourd-muet plaça l'index de cette main passive, inerte, sur la détente. Gustav Liegnitz installa l'index de Buchmann dans la position requise.

Il orienta ensuite cette main docile et l'arme que, par mollesse, elle avait laissé s'incliner plus qu'il ne fallait, il les orienta de sorte que le canon de l'arme fût bien pointé vers le crâne de Buchmann.

Gustav, avec toutes les précautions nécessaires, ne faisait rien d'autre que de tenir la main de Buchmann pour éviter qu'elle ne dévie.

Il fut visible, ensuite, que l'index de Lenz Buchmann tentait de faire quelque chose, sur la détente. Le sourd-muet vit nettement de petits mouvements, une légère contraction du doigt. Mais cela était insuffisant.

Il fallait que le doigt se contracte, se replie et, ensuite, dans la continuité de ce mouvement, appuie sur la détente. Il le faut, semblait penser Gustav, sinon la balle ne sortira pas.

Le sourd-muet remarqua alors l'expression du visage du Dr Lenz Buchmann. Un visage qui n'existait déjà presque plus, décharné, où se lisait un effort réellement surhumain, un effort qui dépassait toutes les limites humaines, c'était évident et Gustav le comprit. Toutes les forces dont disposait encore Buchmann se trouvaient concentrées là, dans ce doigt, dans ce seul doigt. Le reste de la main n'avait plus d'importance.

Buchmann avait compris que le sourd-muet le tenait fermement et qu'il ne laisserait pas tomber sa main. Plus encore : la fermeté du sourd-muet était telle que la main de Buchmann était quasi immobile. Cependant, tout le reste lui incombait. Incombait à ce seul doigt, à son index. Tout dépendait de lui, de ce doigt, et Lenz – son visage, depuis si longtemps inexpressif et subitement marqué par l'angoisse, le montrait bien –, Lenz faisait tout son possible, concentrait toute son énergie dans ce seul doigt.

Et en effet, le doigt bougea à nouveau, cette fois de manière plus nette. Il exerça une pression sur la détente, encore que pression soit un terme excessif, disons une légère poussée. Plus fort, docteur Buchmann, plus fort.

Lenz Buchmann fit une dernière tentative, mais avec des résultats encore moins probants que lors des essais précédents. Même à cette échelle infime, il avait atteint un point limite : ses forces l'abandonnaient, c'était irréversible.

C'est alors que Lenz demanda explicitement à Gustav de tirer ; lui n'y arrivait pas. Que le sourd-muet appuie sur la détente. C'est cela que Buchmann demanda en parlant à grand-peine, à cause de la fatigue. Le sourd-muet ne comprit pas les mots précisément, mais il n'était guère difficile de deviner ce que Buchmann voulait. Dans un premier temps, la main droite de Gustav bougea, puis s'arrêta très loin – toutes proportions gardées – de la détente.

Ses deux mains réagirent ensuite en même temps,

presque instinctivement, et abandonnèrent, avec mépris et même avec dégoût, les forces d'appui dans lesquelles elles étaient engagées. Privée du soutien apporté par celles de Gustav, la main droite de Buchmann s'effondra sur-le-champ et ainsi, trois choses se produisirent presque simultanément : le sourd-muet retira ses mains de tout cela ; le bras de Buchmann s'écroula pour moitié sur le matelas, pour moitié au-dehors ; après quoi l'arme tomba sur le sol de la chambre en produisant un petit bruit – un bruit mat, inattendu et inoffensif.

Ultime tentative pour faire entendre le Mot

Solidité et résistance

1

Lenz allait très bientôt atteindre l'âge auquel son frère Albert était mort, mais comment aurait-il pu s'en souvenir, à présent ?

Jour après jour, la perte de mémoire de Lenz Buchmann continuait de s'aggraver à un rythme galopant, effrayant. Malgré tout, à peine l'homme était-il entré, de ce pas délicat et cérémonieux qu'on adopte pour pénétrer dans la chambre d'un malade en phase terminale, que Buchmann eut la sensation de le reconnaître. Précisons qu'afin de ne pas l'effrayer (sur les conseils de Julia ? On l'ignore), l'homme en question s'était présenté sans son équipement moral, appelons cela ainsi. Il était habillé en civil et rien dans son apparence ne laissait deviner ses attributions, si ce n'est (et c'était peut-être déjà beaucoup) la croix qu'il portait par-dessus ses vêtements.

Cependant, il ne s'agissait pas de cacher ce qui allait suivre, mais simplement de ne pas choquer d'entrée de jeu ; l'idée était de se présenter en douceur, avec des habits ordinaires et non ceux d'un homme qui va tenter d'arracher au mourant une dernière résolution charitable. Mais Lenz, nous l'avons dit, l'avait immédiatement reconnu.

À quelle occasion l'avait-il rencontré ? Qui était-ce ?

Arrivèrent ensuite les mots destinés à tranquilliser, mais qui ne tranquillisaient que celui qui les proférait, car Lenz pensait à autre chose.

Ces mots s'avancèrent, les uns après les autres, au long d'un discours que Buchmann commença bientôt à reconnaître, comme une chanson d'enfance que l'on a oubliée et dont, bien des années plus tard, on retrouve la mélodie.

C'était un prêtre et il était venu lui donner l'extrême-onction, la situation était claire à présent pour Lenz.

Mais de quel prêtre s'agissait-il ? Ne se seraient-ils pas déjà croisés en d'autres circonstances ? Buchmann, dans un de ces moments de plus en plus rares où il recouvrait subitement la mémoire, se souvint précisément de la conversation qu'il avait eue un jour avec un curé dans son église ; de la façon dont il l'avait effrayé et comme il avait senti monter la peur en lui. Serait-ce le même ? Ou non ? Comment le savoir ? Pour Lenz, ils étaient tous les mêmes. Comment aurait-il pu, dans la situation qui était la sienne, se souvenir du visage de quelqu'un à qui il n'avait pas accordé la moindre importance ? Comment se serait-il souvenu d'un visage qui avait eu peur de lui ?

Il se souvenait nettement, en revanche, du visage de deux ou trois hommes qui, à certains moments de sa vie, l'avaient effrayé, lui : un maître de l'école primaire, ça il se le rappelait très bien, et aussi Rafa le fou – il revoyait parfaitement son visage. Il avait eu peur du fou ; il le comprenait enfin.

Oui, de ces visages-là, il se souvenait bien. Mais

comment se rappeler les centaines de visages qu'à l'inverse, lui, Lenz Buchmann, avait effrayés ?

De toutes les manières, il savait bien, qu'il s'agisse ou non du même curé, que celui-ci se trouvait certainement là pour se venger d'avoir été vaincu, en d'autres temps.

Et le prêtre se trouvait déjà en pleine manœuvre, plongé dans un discours ininterrompu, un discours tellement solide qu'il semblait être constitué d'un seul mot. Il était tout occupé à l'effrayer, en faisant résonner çà et là les mots ciel, enfer et, quelques fois, plusieurs fois, le mot diable.

Approchez-vous, je vous prie

2

Buchmann, tandis que le prêtre continuait de parler, ne pensait qu'au moment où il serait à nouveau seul avec Julia, qu'il insulterait pour avoir stupidement osé cela, pour avoir franchi ce pas de trop sans son autorisation. Pour l'heure, l'urgence était de faire disparaître cette source de nuisances qui sévissait à guère plus d'un mètre et demi de son crâne fatigué : ce visage grotesque, hypnotisé et cherchant à hypnotiser. *Un hypnotisé qui cherche à hypnotiser*, pensa Lenz très clairement au sujet du prêtre.

C'était de ce fou qu'il lui fallait se débarrasser rapidement, car il ne supportait plus le son de ces mots, cette répétition, cette insistance, cette force qui n'avait pas plus d'un ou deux arguments et qui les répétait *ad nauseam*, en avançant d'un côté, puis de l'autre. En tentant – c'est ainsi que le ressentait Lenz – de trouver le point de son corps qui, ne serait-ce que par lassitude, dirait : Oui, trois fois oui.

Cependant, Buchmann, sans bien savoir ce que le prêtre était à présent en train de dire – il semblait avoir dans sa bouche le mot le plus long du monde –, sans l'écouter déjà, Buchmann pensa à dire *Non*, *Non*, à voix haute. Pourtant, il sentit immédiatement que son effort serait vain. Il n'y arriverait pas. C'est pourquoi il choisit d'agir différemment. D'un petit geste, il fit comprendre au prêtre, qui se trouvait déjà presque au-dessus de lui, qu'il voulait qu'il s'approche plus encore.

Perdant d'un côté, gagnant de l'autre

3

Donc, Lenz lui fit signe et le prêtre, empressé, approcha immédiatement son visage de celui de Lenz, en se préparant à faire légèrement pivoter son cou de façon à pouvoir entendre ce que Lenz voulait apparemment lui murmurer à l'oreille. Mais avant cette infime rotation du cou, Lenz, concentrant toutes les forces qu'il lui restait à l'intérieur de sa bouche, prépara un crachat, lui fit prendre son élan, puis l'expulsa de la bouche, ou du moins essaya de l'expulser, car, à cause de sa faiblesse et de la position dans laquelle il se trouvait (la nuque reposant entièrement sur le matelas), le crachat en réalité ne fut pas projeté ; et ce qui, à l'intérieur de son corps, semblait être un crachat compact lancé vers les yeux du prêtre, fut perçu, du dehors, de l'extérieur de ce corps, comme un relâchement involontaire, une perte de contrôle, faisant que son visage – celui de Lenz Buchmann – était souillé par sa propre bave, juste au-dessus et en dessous de ses lèvres et sur son menton. À peine un ou deux postillons, presque immatériels, avaient atteint le visage du prêtre. Immédiatement, comme elle en avait l'habitude, Julia essuya le coin de la bouche et le menton de Lenz.

Quelques minutes plus tard, le prêtre quitta la chambre du Dr Lenz Buchmann, en faisant respectueusement, juste avant de sortir, le signe de croix.

La nouvelle maîtresse des lieux, Julia Liegnitz, le salua très cordialement sur le pas de la porte. Tous deux déplorèrent l'irréversibilité de la maladie et l'apathie avec laquelle Lenz avait accueilli les paroles du prêtre et sa dernière tentative pour le convertir. Car ni le prêtre ni Julia n'avaient perçu le moins du monde l'hostilité de Buchmann concernant cette visite. L'insultant crachat entre les deux yeux du représentant de l'Église n'avait existé que dans la tête et le corps du Dr Buchmann ; Buchmann qui n'était plus – le testament officialisant la donation de l'ensemble de ses biens à Julia Liegnitz avait été enregistré définitivement quelques jours auparavant –, désormais, que l'ancien propriétaire de cette maison.

Dans cette nouvelle maison, celle de Julia, selon une vieille tradition en vigueur chez les Liegnitz, on avait les yeux tournés respectueusement vers l'Église. L'Église tenait là une nouvelle prise et, malgré l'échec apparent de sa visite, la satisfaction du prêtre au moment de prendre congé de Julia et de Gustav, arrivé entre-temps, était plus qu'évidente.

Épilogue

La lumière

1

Lenz Buchmann parfois ferme les yeux, mais les rouvre aussitôt. Toute la surface de son corps repose confortablement sur le matelas. Seule la tête se trouve légèrement surélevée, sur un oreiller. Cette position de la tête lui permet, tout en étant couché, de regarder la télévision.

En réalité, Lenz Buchmann ne voit plus les images. Ce qui se passe, ce qui est train de se passer dans ce poste, le contenu proprement dit, il ne parvient plus à le saisir, ni par l'intellect ni même par la vue. Les images diffusées pourraient être celles d'une tragique inondation ou d'un concours pour enfants : il ne saurait distinguer les deux événements.

Ce qu'il voit en ce moment, ce n'est qu'une succession d'éclairs lumineux, des éclairs qui semblent émis dans sa direction. Il voit la lumière apparaître, disparaître, apparaître à nouveau. Il voit aussi que la lumière n'a pas toujours la même couleur : elle est parfois plus sombre, d'autres fois bleutée, d'autres fois plus claire.

C'est une lumière étrange que celle-ci, qui ne semble pas de la même famille que la lumière de l'ampoule électrique. C'est une lumière complètement différente.

Ce qui est en train de se passer avec ce téléviseur, se dit-il, ressemble fort à une panne : quelque chose s'est détraqué et on ne voit plus le monde, mais seulement un point lumineux qui s'allume et s'éteint.

Il lui vient l'idée d'appeler quelqu'un pour résoudre ce problème, réparer cette panne. Je n'y vois plus rien ! crierait-il alors, s'il en avait la force. Mais il ne l'a pas. Et du reste ce qui arrive le satisfait : de la télévision émane une sorte de tranquillité absolument inhabituelle. Elle n'émet aucun son et, de toutes les manières, il est tellement concentré sur cette lumière que, même si quelqu'un hurlait dans la maison, il n'entendrait rien. Il n'a plus que ses yeux. C'est tout ce qu'il lui reste, son dernier moyen de résistance, le dernier rempart.

Lenz Buchmann se tient absolument immobile et seuls ses yeux clignent de temps à autre. La lumière qui vient de la télévision est indéniablement une lumière forte, mais le plaisir qu'elle fait naître chez Lenz ne cesse de croître. Jamais il n'a ressenti une telle impression de bien-être, de protection : sous cette lumière, rien ne pourrait lui arriver.

Il y avait longtemps que j'attendais cela, pense-t-il, et il lui vient à l'esprit qu'il serait bien de rapidement demander qu'on remplisse cette chambre de téléviseurs.

À cet instant, il a envie d'appeler quelqu'un, mais aucun nom ne lui revient en mémoire.

Les différents tons de lumière se succèdent, mais dans cette variation, dans cette apparente agitation, Buchmann a repéré – localisé du regard – une ligne constante, une autre luminosité sur l'écran, indépendante du mouvement de lumière plus en surface.

Lenz comprend alors que les faisceaux lumineux, en

même temps qu'ils lui apportent cette tranquillité, sont en train de l'appeler par son nom.

Reposant sur le matelas, ses mains lui transmettent une sensation de légèreté – il n'a plus à se donner la peine de saisir les choses et ses doigts, chacun d'eux, semblent ressentir cette liberté et, dans une parfaite sérénité, attendent. Le reste du corps n'existe pas. Du moins, il ne le sent pas. Il a disparu.

Ainsi, il se retrouve seul : Lenz Buchmann, abandonné à son sort, avec ses yeux.

La lumière, quant à elle, ne cesse de l'appeler. Il voudrait ressentir de la haine, mais il n'y parvient pas. Elle l'apaise et l'appelle.

Ensuite, après une pause peut-être, une lumière forte provient de nouveau de la télévision et l'appelle par son nom. Et alors il part. Il se laisse aller.

TABLE DES MATIÈRES

Première partie

FORCE

Deuxième partie

MALADIE

Troisième partie

Mort

CET OUVRAGE
A ÉTÉ ACHEVÉ D'IMPRIMER
PAR L'IMPRIMERIE FLOCH
À MAYENNE EN JUILLET 2010

N° d'éd. 232. N° d'impr. 76855
D.L. : septembre 2010
(Imprimé en France)